主　编　刘晓安

副主编　高立明　黄　敬　秦建军　黄梦佳

编委会成员　邓海涛　丁　黎　刘安丽　谭晶文
易　凡　翟振轶　刘思瑶

撰稿人员（按拼音先后为序）

陈立航　陈新玉　邓海涛　邓太升　丁　黎　甘志鹏　高立明
龚宇晨　宫志刚　顾　宁　何伟群　黄　敬　黄　琳　黄梦佳
黄婉琳　胡玄欣　姜　帆　江文峰　雷皓程　李晓明　李雨琦
廖晓斌　刘安丽　刘兵发　刘　威　刘晓安　陆晓源　罗少娟
秦建军　苏　珊　谭晶文　涂　露　王华永　吴　剀　闫浩杰
要　虹　杨克教　叶启富　易　凡　袁晓雨　翟振轶

刑事有效辩护
案例精选

XINGSHI YOUXIAO BIANHU
ANLI JINGXUAN

中国法制出版社
CHINA LEGAL PUBLISHING HOUSE

作者简介

刘晓安，武汉大学法学学士、刑法学硕士，盈科中国区董事、盈科全国刑事专业委员会副主任、盈科深圳管委会副主任。1992年7月至2014年12月于深圳市某区人民法院工作，曾任刑庭庭长、民事三庭庭长、审判委员会委员、首届专家型法官；2014年至今，先后在北京市盈科（深圳）律师事务所任股权高级合伙人律师、公司法律事务部主任、刑事法律事务中心主任等。专注于刑事犯罪与风险防控、公司法律事务。

高立明，北京市盈科（深圳）律师事务所党委书记、职务犯罪法律事务部主任、股权高级合伙人律师，广东省律师协会刑事辩护律师专家库律师，具有17年公安机关工作经历和20年律师执业经验。擅长刑事辩护、刑民交叉法律事务、企业刑事合规与刑事风险防控。经办案件曾被《中国法院2016年度案例》收录为经典案例，代理的多宗有重大影响的职务犯罪、经济犯罪、侵害商业秘密犯罪案件取得了良好的辩护效果。

黄　敬，盈科律师事务所全球总部合伙人律师、盈科（深圳）第三届监事会副主任、盈科（深圳）刑事法律事务中心主任、盈科·黄敬律师刑事辩护团队创始合伙人律师。深耕刑事法律事务20余载，积累了丰富的刑事辩护经验，在刑事辩护、刑事控告、刑事法律顾问服务等领域均有较深的造诣，擅长处理经济领域疑难、重大、复杂刑事案件及刑民交叉案件。

秦建军，第三届盈科全国刑事诉讼专业委员会副主任、盈科全国青年律师工委副主任、盈科律师学院特聘讲师、盈科（深圳）刑事法律事务中心副主任。专注于刑事辩护（金融、商事类）、刑民行交叉案件、企业刑事合规、公司法律业务、争议解决等，具有深厚的法律研究功底和丰富的法律实务经验。

黄梦佳，中国政法大学诉讼法学硕士，北京市盈科（深圳）律师事务所合伙人律师、盈科刑事中心秘书长、工程法律事务部秘书长、人才战略委员会委员，荣获2019年全国盈科“优秀刑事律师”、2020年全国盈科“优秀刑事律师”。具有在国家税务系统、某商业银行工作的背景，在律师执业过程中曾为大型国有企业、上市公司提供法律服务，处理过多宗有影响力和代表性的商事诉讼与全国范围内有影响力的刑事案件。

刘安丽，贵州山一（正安）律师事务所主任，遵义律师协会理事、公司专委会副主任，遵义仲裁委员会仲裁员，多次获得省市优秀律师、先进律师荣誉称号。自2004年执业以来，办理民事、刑事各类案件上千件，现带领团队担任 40 多家单位的常年法律顾问，具有丰富的法律实务经验。

邓海涛，广东海际明律师事务所合伙人律师，广东海际明律师事务所金融部部长，广东省文化产业专家库高级专家。曾就职于某中级人民法院，后供职于多家大型央企法务部门。1997 年成为专职律师以来，具有 20 多年的法律服务从业经验。代理过诸多典型疑难复杂案件，具有深厚的法律研究功底和丰富的法律实务经验。

易　凡，北京市盈科（深圳）律师事务所合伙人律师，盈科（深圳）刑事法律事务中心秘书长，盈科·黄敬律师刑事辩护团队创始合伙人律师。律师执业 10 年以上，办理刑事案件近百起，具有深厚的法学理论功底和丰富的刑事辩护经验，尤其擅长办理诈骗类犯罪、经济职务犯罪、知识产权犯罪、金融证券犯罪等案件。在多个案件中实现了无罪、罪轻、变更强制措施等卓越辩护效果，获得当事人及其家属的认可及赞誉。

谭晶文，北京市盈科（深圳）律师事务所合伙人律师、2019 年全国盈科“优秀刑事律师”、2020 年全国盈科“优秀刑事律师”。主要从事刑事辩护、企业合规化建设与风险防控等法律服务，同时，注重企业法律风险防控与合规操作，并在上述领域积累了丰富的实务经验，自执业以来代理了多起在全省或全国具有影响力的典型疑难复杂案件。

刘思瑶，北京市盈科（深圳）律师事务所专职律师、刑事法律事务中心副秘书长、2019 年全国盈科“优秀刑事律师”、2020 年全国盈科“十佳青年刑事律师”、第二届深圳市公诉人与律师控辩大赛“最佳风采奖”得主。专注刑事辩护、刑民交叉案件、企业及企业家法律风险防控、企业合规建设业务，自执业以来代理了多起在全省或全国具有影响力的典型疑难复杂案件，并取得无罪释放、轻判等辩护效果。

翟振轶，北京市盈科（深圳）律师事务所高级合伙人律师、盈科全国毒品犯罪研究中心副主任、盈科（深圳）金融证券犯罪法律事务部主任、盈科（深圳）青工委副主任、深圳市律协刑事诉讼法律专业委员会委员、深圳市律协公益委员会委员。曾在法院、公安机关工作 15 年，专注毒品犯罪案件，对毒品犯罪有深入研究。自 2005 年执业以来，代理了多起在全省或全国具有影响力的典型疑难复杂毒品犯罪案件，并取得无罪判决书和不起诉决定书多份。

丁　黎，北京市盈科（深圳）律师事务所合伙人律师、刑事法律事务中心经济犯罪部副主任、2019 年全国盈科“优秀刑事律师”、2020 年全国盈科“优秀刑事律师”。经办过各种类型的刑事、民事案件。主要执业领域为公司法股权纠纷、刑事经济犯罪辩护等诉讼与非诉讼事务。

序言

Preface

近年来，随着我国律师队伍建设的不断完善，律师从业人员素质的不断提升，诸多律师事务所开始探索业务的精细化和专业化运作模式。在探索的过程中，刑事辩护业务的精细化和专业化得到了较为长足的发展。

纵观行业现状，无论是走刑事辩护路线的“专业律所”，还是综合性较强的“大所”中的刑事辩护团队，大都通过开设刑事辩护论坛、举办专业讲座、进行案例分享会等方式来提升律师的辩护业务水平。然而，无论通过什么形式来提升业务水平，其中对于已办理完结案例的整理、分享、提炼是尤为重要的一个环节。笔者受北京市盈科（深圳）律师事务所刑事法律中心之托，为《刑事有效辩护案例精选》一书作序。

就本书而言，首先从该所的品牌来看，盈科律师事务所是一家坚持以“诚信、开放、包容、共享”为服务理念的综合性大所，其中，盈科深圳分所刑事法律中心更是坚持以“专业为王，持续精进”为宗旨。

从编纂团队来看，本书的案例分享者皆为身居一线，且具有丰富刑事辩护经验的专业律师。再从本书的整体结构来看，组织者要求案例提供者按照统一格式编排，从大标题到律师心得都有统一要求，这非常符合我们的阅读习惯。

从本书的案例来看，本书的案例都是实战性极强的典型案例，并且附有主办律师的心得体会，每当笔者研读完一篇案例，就仿佛身在其中地与主办律师进行了一场深入的探讨。

从本书所涉及的案例类型来看，既有侵犯公民人身权利、民主权利的相关案例，如故意伤害罪、强奸罪、强制猥亵罪等，又有职务侵占罪、侵犯著作权罪、销售假药罪、非国家工作人员受贿罪等破坏社会主义市场经济秩序的案例，更有诸如组织、领导、参加黑社会性质组织罪、虚假诉讼罪、非法控制计算机信息系统罪等涉及妨害社会管理秩序的案例，所选案例具有广泛的代表性和示范性意义。

从本书所涉及的辩护形态来看，确有律师通过与侦查机关、公诉机关、审判机关的积极沟通，最终达到了案件撤销、不起诉、无罪判决的辩护效果，如“坚持孤证不立，深挖鉴定漏洞，终获无罪辩护判决”，由此可见，律师只要具有足够的专业技能和耐心，还是有机会争取无罪处理结果的。另外，本书中还有部分案例展现的是罪轻辩护或者量刑辩护，其中既有将重罪改为轻罪的，如“挖掘案件证据体系的核心辩点，力争将重罪改变为轻罪”，又有成功推翻部分罪名的，如“有效辩护推翻三罪，准确定性刑最轻”，更有通过降低被害人人数、降低涉案金额来达到罪轻辩护目的的，如“在审查起诉阶段大幅降低涉案金额、被害人人数，以减轻审判阶段的辩护压力”。

律师总结的经验和心得是案例的精髓所在，同时也体现了主办律师在办理案件时的心路历程。这些总结对于以后律师办理类似案件具有不同程度的启发和参考意义。如，有些律师认为：“负责人事、行政工作的员工，不应认定为直接责任人员”，通过否定主体资格，为无罪辩护奠定基础；“不具备恶意串通的主观故意，不构成共同犯罪”，从而有效地说服法院作出改判；又如，“向公司负责人投案，归案后如实供述，认定自首获轻判”“未完成合作协议约定的义务不构成合同诈骗罪”“综合应用无罪、轻罪、量刑等辩护形态，最大限度维护被告人的合法权益”“积极化解矛盾，争取刑事谅解，案件出现重大转机被不起诉”等等，这些宝贵的经验总结都是十分值得借鉴和学习的。通过研读本书，笔者仿佛置身其中，与各位案件办理者进行了一场深入浅出的交流，使笔者受益匪浅。

本书中的案例大都是作者在实务操作中的亲身体会，笔者也十分欣慰可以见证到这样一批能够毫无保留地分享自己办案经历的优秀同仁。同时我也深信，只要认真阅读，律师就能够从这些案例中汲取有益的办案经验，使我们能够“站在巨人的肩膀上”去思考问题，避开过来人曾经踩过的坑。因此，本书完全可以成为一部刑事辩护的实务教程，成为年轻律师和法科学生研究刑事辩护的参考书。

一般来说，每名律师的成长之路都是不尽相同的，但总的来说是有规律可循的。初入律师行业，律师为了补足专业能力和摆脱生存压力，将大部分精力都投入到办案之中，这是非常正确而必要的选择。随着办案经历的不断丰富，在律师的专业能力和生存条件得到一定改善之后，律师仍然需要继续学习充电。对自己已办理完结案件的复盘、总结、提炼是尤为重要的一种学习方式，回顾和梳理曾经走过的弯路，踩过的坑，这是极为有意义的一项工作。“学而时习之，不亦说乎”，时常回顾自己的办案经历，并能够从中得到新的启发，何尝不是一件乐事呢？愿律师朋友们都能够从本书中得到有益的启发。

最后，衷心祝愿北京市盈科（深圳）律师事务所刑事法律中心在专业化和精细化运作的道路上越走越远！

陈瑞华

2021年3月1日

记于北京大学

目录

Contents

不具备恶意串通的主观故意，不构成共同犯罪

——陈某涉嫌虚假诉讼案 ………………………………………………… 001

有效辩护之善于发现证据，巧妙、合法取证

——郑某涉嫌诈骗案 ………………………………………………………… 006

负责人事、行政工作的员工，不应认定为直接责任人员

——方某涉嫌提供侵入计算机信息系统程序、工具案 ………………… 010

如何在庭审发问中戳穿虚假供述

——徐某涉嫌抢劫案 ………………………………………………………… 014

经济纠纷应界定，民间借贷不构罪

——李某涉嫌诈骗案 ………………………………………………………… 020

在审查起诉阶段大幅降低涉案金额、被害人人数，以减轻审判阶段的辩护压力

——刘某涉嫌诈骗案 ………………………………………………………… 026

以证据与逻辑融合论证的方法解析行为人的主观意图

——郑某涉嫌虚假诉讼、诈骗案 ……………………………………… 039

重视审查起诉阶段，仅为他人出口货物提供挂靠服务的行为作不起诉处理
——王某涉嫌骗取出口退税案 …………………………………………………… 045

违法性认识在个案中欠缺犯意沟通的认定
——张某涉嫌串通投标案 ……………………………………………………………… 053

签订股权转让协议后，非法变更股权、处置公司财产的行为不构成犯罪
——陈某、吴某涉嫌伪造公司印章、盗窃案 ……………………………… 058

仅出售“犯罪工具”不构罪
——李某涉嫌窃取、收买、非法提供信用卡信息案 …………………… 069

有效辩护之不轻言放弃
——张某涉嫌非法控制计算机信息系统案 …………………………………… 074

不惧艰难无罪辩　深下功夫终不诉
——詹某涉嫌组织、领导、参加黑社会性质组织案 …………………… 077

深耕耘，细致做，两罪终获不起诉
——徐某涉嫌环境污染、诈骗案 ……………………………………………… 086

积极化解矛盾，争取刑事谅解，案件出现重大转机被不起诉
——何某涉嫌非国家工作人员受贿案 ………………………………………… 091

公司高管收取其他公司干股分红款构成何罪
——王某涉嫌非国家工作人员受贿、职务侵占案 097

小股东被控侵资金，综合施策终未诉
——杨某涉嫌职务侵占案 104

严防死守因果关系，检察院终撤回起诉
——李某涉嫌故意伤害案 109

否定言词证据的证明力，终获无罪判决
——陈某涉嫌强制猥亵案 116

被告人执意挖坑置自身尴尬境地，律师量刑辩护有效
——钟某涉嫌强奸案 124

犯罪中止与自首情节的认定标准
——王某涉嫌强奸案 132

热点案件中如何正确发挥律师作用
——和某涉嫌寻衅滋事案 135

价格鉴定结论书为王？破解涉案金额
——王某涉嫌盗窃案 143

综合应用无罪、轻罪、量刑等辩护形态，最大限度维护被告人的合法权益
——皮某涉嫌诈骗案 150

未完成合作协议约定的义务不构成合同诈骗罪
——王某涉嫌合同诈骗案 159

律师现场调查取证在辩护中的重要性
——李某涉嫌合同诈骗、诈骗案 167

深度挖掘并揭露起诉事实中无法排除的合理怀疑，以重构事实的方式辩护
——陈某涉嫌诈骗案 174

行政法规的修订对辩护策略的影响
——王某涉嫌销售假药案 180

查疏漏，精细辩，轻刑判
——林某、韩某销售假药案 191

好结果以持续、规范、细致的辩护工作为支撑
——张某、齐某涉嫌集资诈骗案 196

有效辩护推翻三罪，准确定性刑最轻
——宋某非法吸收公众存款案 202

虚假诉讼"情节严重"的认定标准
——杨某涉嫌虚假诉讼案 208

向公司负责人投案，归案后如实供述，认定自首获轻判
——欧某涉嫌职务侵占案 217

职务侵占罪中法益侵害的认定
——张某涉嫌职务侵占案 221

认罪认罚，罪轻辩护，为当事人争取最轻刑事处罚
——马某、关某涉嫌假冒注册商标案 227

程序辩护与实体辩护在个案中的结合运用
——叶某涉嫌侵犯著作权案 232

诉讼可视化在刑事辩护中的有效应用
——陈某涉嫌侵犯公民个人信息案 240

内幕交易罪中关系密切与交易异常的认定
——王某涉嫌内幕交易案 247

玩忽职守导致国家损失近千万元，为何法院仅判处缓刑
——苏某涉嫌玩忽职守案 257

坚持孤证不立，深挖鉴定漏洞，终获无罪判决
——李某涉嫌工程重大安全事故案 264

特情因素在毒品犯罪辩护中的运用
——张某涉嫌贩卖毒品案 267

特情因素于毒品犯罪的量刑意义
——张某涉嫌贩卖毒品案 273

认罪认罚从宽制度下如何有效辩护
——郭某涉嫌贩卖毒品案 278

挖掘案件证据体系的核心辩点，力争将重罪改变为轻罪
——朱某涉嫌贩卖毒品案 282

不具备恶意串通的主观故意，不构成共同犯罪

——陈某涉嫌虚假诉讼案

案情简介

蔡某于2013年至2014年间向陈某借款共计2000余万元。借款期届满，蔡某无法还款，陈某多次催促其还款。蔡某见陈某催得急，为了稳住陈某，蔡某主动提出由其经营的地产公司提供担保。陈某答应，蔡某提供了某地产公司的承诺书，承诺书内容为该地产公司愿意为蔡某的债务提供担保，并加盖了公司公章。

2017年，在多次催促后蔡某仍拒不还款，陈某将蔡某及担保人某地产公司起诉至法院。诉讼中，某地产公司报案，称蔡某与陈某涉嫌虚假诉讼罪。法院中止民事案件审理，移送公安机关立案侦查，陈某被拘留。公安机关认定，陈某有虚假诉讼罪嫌疑，报检察院批捕。

律师策略

律师介入该案时，公安机关已经报检察院审查批捕，当务之急是通过会见了解民间借贷纠纷诉讼中的法律关系及证据是否为

本篇撰稿人：黄琳，北京市盈科（深圳）律师事务所专职律师。

虚假、捏造，如果皆为真实，要了解细节，分析陈某是否具有虚假诉讼的主观故意，请求检察院作出不予批准逮捕的决定。如检察院作出逮捕决定，下一步将申请检察院作羁押必要性审查。

辩护人在会见前向其家属了解了相关情况，认为民间借贷关系确实存在。会见陈某后发现陈某不具备捏造事实提起民事诉讼的情形，也不具备恶意串通的主观故意。辩护人向检察机关提交《不予批准逮捕法律意见书》，恳请检察机关对犯罪嫌疑人陈某不予批准逮捕，理由简述如下：

一、陈某基于真实的债权债务关系提起民事诉讼，不存在捏造民事法律关系。

二、没有证据表明陈某具有与蔡某或者其他公司人员恶意串通，捏造公司、企业债务或者担保义务的情形。

辩护效果

审查批捕阶段，检察机关听取了辩护人的相关法律意见，作出不予批准逮捕的决定，随后公安机关对陈某变更强制措施为取保候审，取保候审期限届满，公安机关解除陈某的取保候审强制措施。

辩护心得

一、律师介入后应多方查证

律师介入后，应多方面了解案件细节。律师会见陈某后，由于案件相关事实发生的时间跨度较大，陈某对相应案情发生的具体时间点、细节等有所遗忘。辩护人通过其交代的关键词搜索到法院关于民间借贷纠纷案件中止审理的裁定书及担保公司的工商登记信息。辩护人发现：（1）根据公开资料可以查询到蔡某、某地产公司与其他人存在多宗借贷纠纷诉讼，案情大致皆为公司或蔡某个人对外借款，公司为蔡某提供担保或蔡某为公司提供担保，且多个判决已生效。（2）蔡某在出具公司承诺书给陈某时，尚属于公司实际控制人，但是陈某提起民事诉讼时，公司大部分股权已经转让他人，公司控制权可能已经旁落，不能排除新的公司实际控制人为了公司摆脱担保义务而报案。

二、审查批捕阶段多与检察官沟通

辩护人会见犯罪嫌疑人后，根据罪名的构成要件，有针对性地了解案件细节，向检察官提交不予批捕的书面法律意见时，最好能见面谈，如果检察官不愿意见面沟通，电话沟通也是可以的，律师应向检察官陈述观点，争取检察机关作出不予批捕的决定。

律师思考

虚假诉讼罪是指当事人通过采取恶意串通捏造事实、伪造变造证据、虚构法律关系提起诉讼，意图使人民法院作出错误裁判和执行，侵害第三人、集体或国家利益的行为。具体到本案而言，必须有证据证明陈某存在捏造事实，或与蔡某有恶意串通的行为，给公司捏造担保义务，才可能构成虚假诉讼罪，否则不构成虚假诉讼罪。

如果认定陈某涉嫌虚假诉讼罪，应当查证属实如下基本证据，才可能形成初步的证据：

1. 陈某出借给蔡某的 2000 余万元的债权债务关系是否为捏造

（即是否捏造民间借贷法律关系）。如果该债务是真实存在的，那陈某并未虚构事实，而是根据法律规定提起诉讼维护己方利益；2000 余万元民间借贷并非小数目，查证银行流水就可以知道是否与事实相符，而在原来的民间借贷诉讼中，陈某作为原告已经提交了银行流水等证据证明借贷事实的发生。

2. 是否存在真实客观的证据表明陈某无中生有伪造承诺书（即是否单方捏造企业承担担保义务的事实）。

3. 是否有客观真实的证据表明陈某确实与提供承诺书的人恶意串通（是否存在恶意串通的主观故意）。若蔡某是为了应对陈某催讨行为而采取的缓兵之计，提供承诺书，那陈某也是被欺骗的一方，不存在主观故意。而陈某本人陈述：承诺书是蔡某主动提供的，其并未与蔡某通谋。

在借贷关系事实存在的基础上，陈某提起诉讼的目的是为了维护自身合法权益，而非利用诉讼手段谋取非法利益。蔡某提供第三人担保，从陈某这个债权人的角度看是对其债权的多一层保障，于情于理不能苛求陈某去论证该担保的真实性或承诺书是否为公司真实意思表示；而陈某根据现有材料起诉，法院在职责范围内依法判决，也不会造成第三人的合法利益被侵害。

蔡某提供承诺书后，陈某并未马上起诉，而是在两年期间多次催促无果、非常无奈的情况下起诉蔡某及承诺书中的担保公司。如果陈某具有非法目的，就不会迟迟不起诉。

陈某是否与蔡某存在恶意串通，不能仅凭口供（特别是蔡某的口供）认定，需要客观证据证明。蔡某作为已经被羁押的巨额债务欠款人，如果作出指证其债权人陈某具有恶意串通的行为的口供，真实性是非常低的。在此，辩护人在与检察官沟通时特别指出，请求承办检察官在不轻信有利害关系当事人的口供的前提下，对该案事实作出客观认定。

虚假诉讼罪是刑法修正案九新增加的罪名，该罪侵犯的法益是司法秩序或他人合法利益。2018 年最高人民法院、最高人民检察院《关于办理虚假诉讼刑事案件适用法律若干问题的解释》明确了虚假诉讼罪的行为特征。其中，第 1 条第 1 款第 3 项规定，与公司、企业法定代表人、董事、监事、经理或其他管理人员恶意串通，捏造公司、企业债务或者担保义务的，属于以捏造的事实提起民事诉讼。在本案中，陈某是否具有与蔡某恶意串通，捏造公司担保义务就是关键。犯罪嫌疑人是否涉嫌犯罪，首先需要初步证据证明，法院根据某地产公司的报案，移送公安机关侦查，在真实存在的债权债务关系及真实的承诺书的基础上，如果没有任何初步证据证明陈某和蔡某具有恶意串通的行为，不应认定存在虚假诉讼的嫌疑。

有效辩护之善于发现证据，巧妙、合法取证
——郑某涉嫌诈骗案

案情简介

2014年，郑某在S市从事水泥的批发和代理，因资金周转困难，郑某与报案人冉某提议各出44万元合伙做水泥供应生意，开设门店和发放工资，所得利润平分。2015年，报案人冉某向郑某转账44万元，2015年底，郑某将第一单生意分红99000元转账给报案人冉某。2016年持续亏损后，郑某将名下货车出售抵债，关停门店，向冉某出具了欠条。2019年，报案人冉某发现部分工地没有开建，以郑某虚构事实、隐瞒真相，涉嫌诈骗罪为由向公安机关报案。公安机关接受报案后核实部分工地确实没有开建，予以刑事立案。2019年12月18日，S市某公安分局以郑某涉嫌诈骗罪刑事拘留。

律师策略

在接受家属委托后，家属对案件一无所知，2019年12月30日第一次会见，经过会见了解到案件延长到30天，如实供述，坚决否认控罪，有较多证据可以否定控罪。在会见后对案情仍觉有

本篇撰稿人：江文峰，北京市盈科（深圳）律师事务所专职律师。

迷雾，向办案机关提交委托手续及了解情况，得知办案机关向部分工地进行现场核实发现部分工地没有开建，初步认定郑某有虚构事实的犯罪事实。辩护人前往部分工地核实，发现侦查机关的认定与郑某陈述有较大出入。于是在2020年1月8日进行第二次会见。经第二次会见核实，确定了证人姓名和需要核实及调取的证据，再向郑某批捕前进行辅导。会见后辩护人联系家属取得所有证人的姓名和电话号码，与房地产开发商和项目部核实水泥供应中标事宜，到车管所核实郑某及其控股公司名下重型半挂牵引车、重型罐式半挂车、重型自卸货车的车辆信息。

了解到2020年1月15日呈请检察院批捕，2020年1月22日出结果正赶上腊月二十八，留给辩护人的时间不多了。本案仍留有几个疑问需要运用证据予以证明，归纳待证事实为：

1. 有无真实的水泥运送和供应能力？

2. 有无真实向工地运送水泥以及结算货款？

3. 本案是典型的虚构工地开建、骗取被害人钱财，还是正常的经济纠纷？

策略一：向车管所口头核实郑某及其控股公司名下车辆及关联司机的信息，向检察院申请调取该证据，以证明有真实的水泥运送能力。

策略二：向房地产权登记中心口头核实浪口建材市场产权人，进一步联系该产权人，以证明郑某与报案人冉某共同开设门店的事实。

策略三：向检察院申请调取司机刘某、谭某、邱某的证人证言，以证明有真实向工地运送水泥。向检察院申请调取水泥批发商李某的证人证言及银行转账记录，以证明郑某从李某处进货。向检察院申请调取工地负责人叶某及朱某证人证言，以证明叶某及朱某向郑某采购华润水泥及小野田水泥，工地一期已开建并完成销售，二期、三期因报建手续问题导致停工。

辩护效果

辩护人向检察院提交不予批准逮捕法律意见书，2020年1月22日，检察院作出不予批准逮捕决定。

辩护心得

敢于取证，首先在于发现证据，区分证据的性质和种类，先区分客观证据和主观证据，不同的证据有不同的取证方法。客观证据核实清楚后如无法调取可以申请办案机关予以调取。主观证据，尤其是证人证言，为避免受家属或者辩护人的引导导致证据的中立性和客观性受污染，辩护人不建议家属或者辩护人自行联系证人。时值春运，证人均在外地或者外省，对办案单位和辩护人而言，调取证人证言的难度均非常大。衡量再三，辩护人没有联系任何一位证人，将核实到的证人姓名和联系方式向办案单位提交。

法律把控辩双方设置成法庭上的敌人，本质上是为了公平正义，尤其是刑事案件，辩护人与公诉人是防止冤假错案的好队友。如认为公安机关的认定与事实不符，在向公安机关发表意见或者申请取保未果后，应及时向承办检察官发表意见或申请调查取证。

禁止公安机关插手经济纠纷，公安部早就出台过《关于严禁越权干预经济纠纷的通知》《关于严禁公安机关插手经济纠纷违法抓人的通知》及《关于公安机关不得非法越权干预经济纠纷案件处理的通知》等三项通知，三令五申强调严禁插手经济纠纷，纠正办理经济案件中的各种违法行为和不正之风。为什么总是令行不止？究其原因，有的是由于办案民警对案件的定性有误；有的则是明知纠纷性质属于经济纠纷，但出于种种原因而滥用职权。同时，立法缺陷也是不可回避的原因。我国刑事诉讼法只规定了检察机关对公安机关应当立案而不立案的监督，而没有明确对公安机关不应当立案而立案的监督。公安机关插手经济纠纷，往往是不应当立案而立案。这种情况如果不能及时被检察机关监督发现并纠正，冤案的产生自然不可避免。

律师思考

如郑某在 2015 年就与报案人冉某签订合伙协议或者股权投资及协议，在亏损后共同清算并形成书面文件签名确认，有迹可查，则可以避免刑事拘留。已被刑事立案和拘留时，当事人及家属要第一时间委托专业的刑事律师作为辩护人，敢于取证，首先在于善于发现证据和巧妙、合法取证。

负责人事、行政工作的员工，不应认定为直接责任人员
——方某涉嫌提供侵入计算机信息系统程序、工具案

案情简介

2014年，某公司研发、销售漫游器电子产品，在境内租用云服务器，在境外租用云服务器并架设代理服务器系统，向其他公司采购路由器硬件，将研发的固件系统写入对应的路由器当中，使路由器通过境外代理服务器访问境外网站，在此过程中突破了国家的计算机信息系统安全保护措施，使境内用户能够访问正常情况下境内IP无法访问的境外网站。2017年9月22日，行政总监车某、技术总监方某先行被J省警方以提供侵入计算机信息系统程序、工具罪刑事拘留，并从深圳被送押到J省某看守所。2017年9月24日，公司法定代表人方某及其余主要技术人员11人被J省警方刑事拘留。

律师策略

接受委托后，辩护人立即赶往J省会见。2017年9月26日第一次会见，辩护人经过会见了解到车某未签延长羁押期限文书，如

本篇撰稿人：江文峰，北京市盈科（深圳）律师事务所专职律师；涂露，北京市盈科（深圳）律师事务所专职律师。

实供述，职务为行政总监。第一时间向办案机关了解情况及申请取保候审，J 省公安机关收文后进行审批，刚好因该案件指定到 G 省 Q 市管辖，告知辩护人向有权管辖的部门提交取保申请。因时间紧，马上进行国庆长假，2017 年 9 月 28 日进行第二次会见，辩护人告知车某办案单位有变更，羁押地点也会改变，并对车某在批捕前进行辅导。案件改变管辖到 Q 市公安局后，辩护人向 Q 市警方申请取保候审被拒，随后案件于 2017 年 10 月 9 日呈请检察院批捕。2017 年 10 月 12 日，辩护人向检察院提交不予批捕法律意见。

辩护效果

辩护人向检察院提交不予批准逮捕法律意见书，后检察院作出不予批准逮捕决定。

辩护心得

辩护人针对本案已知情况，明确焦点为：车某作为行政事务负责人是否应当被追究刑事责任。结合该焦点明确待证事实为：在案证据是否有证据证明车某在研发、销售中有提供帮助。简单讲，如果没有证据证明车某在研发和销售中起足够的帮助作用，或者有证据和依据排除车某为主要责任人地位，则有较大概率不予批捕。

最高人民法院、最高人民检察院《关于办理危害计算机信息系统安全刑事案件应用法律若干问题的解释》第 8 条规定："以单位名义或者单位形式实施危害计算机信息系统安全犯罪，达到本解释规定的定罪量刑标准的，应当依照刑法第二百八十五条、第二百八十六条的规定追究直接负责的主管人员和其他直接责任人员的刑事责任。”根据该司法解释，可以排除车某直接负责的主管人员地位，是否批捕，主要看其是否应当被认定为其他直接责任人员。

《全国法院审理金融犯罪案件工作座谈会纪要》规定：“其他直接责任人员，是在单位犯罪中具体实施犯罪并起较大作用的人员，既可以是单位的经营管理人员，也可以是单位的职工，包括聘任、雇佣的人员。应当注意的是，在单位犯罪中，对于受单位领导指派或奉命而参与实施了一定犯罪行为的人员，一般不宜作为直接责任人员追究刑事责任。”根据该规定，可以确定车某并非其他直接责任人员。

有效辩护，首要任务在于了解客观事实和判断可能存在的在案证据中的有利和不利情况，其次在于思路清晰和有理有据。中国的刑事司法以羁押为原则，以取保候审为例外，如果符合入罪和批捕条件，一般会批捕，除非有法定情形。在批捕阶段，公安机关认为全案是共同犯罪，均应被批捕，而检察院采纳本案辩护人意见，认为在案证据只能证明车某负责人事、行政工作，无相关证据证明车某在研发、销售中有提供帮助。

刑事案件由公诉机关举证，公安机关仅负责收集证据，而检察院作为公诉机关对有罪、无罪、罪重、罪轻均负责举证。具体到本案中，公安机关认为本案构成共同犯罪，而检察院认为在案证据不足，最终作出事实不清、证据不足、不予批准逮捕的决定。

律师思考

在单位实施非法活动构成犯罪的情形下，作为单位的员工极有可能在侦查阶段因其职务被立案侦查，甚至被羁押。作为侦查机关，应甄别各犯罪嫌疑人的职务和职责，严格按照法律规定办理案件，不枉不纵。作为员工个人，应及时告知办案机关自己所担任的职务和对应的职责，协助办案机关查明事实，也避免自身陷入被羁押甚至被追究刑事责任的困境。另外，本案辩护人提醒大家，网络无边界，法有界，在访问网站时从事违法或者犯罪活动仍然需要承担法律责任甚至刑事责任。

如何在庭审发问中戳穿虚假供述
——徐某涉嫌抢劫案

案情简介

2017年4月15日，被告人徐某伙同被告人薛某纠集赵某、於某、姜某、冯某（在逃）等人，事先商量以“抓奸”的方式向被害人花某索回钱财。当日中午，被告人薛某致电被害人花某，约其晚上到S市L区某精品酒店1016房间见面。4月16日0时许，被告人薛某与被害人花某在房间内准备发生性关系时，薛某趁花某裸体之际，迅速打开房门，招手示意在门口等候的被告人徐某、於某、姜某、冯某进入房间。随后，被告人徐某用拳头和高跟鞋对花某进行殴打，并指使姜某、冯某用手机对花某拍下裸照和视频。期间，徐某胁迫花某写下人民币115万元的欠条，并由薛某和姜某通过银行ATM机索得人民币31900元，通过微信转账索得人民币56400元，通过手机银行转账至其建设银行卡账户索得人民币20万元。非法拘禁行为持续至4月16日7时许。经鉴定，被害人花某所受损伤评定为轻微伤。

本篇撰稿人：翟振轶，北京市盈科（深圳）律师事务所高级合伙人律师。

律师策略

先介绍一下这几名被告人的关系，被告人徐某和被告人薛某是夫妻，被告人於某是被告人徐某的嫂子，被告人赵某是被告人於某的妹夫，被告人姜某、冯某是被告人赵某的朋友。

律师的当事人是赵某，律师接受委托之后，就去会见赵某，他是这样讲述案发经过的：徐某发现丈夫薛某与被害人花某长期存在不正当男女关系，并为其偿还债务、支付日常开销等费用共计数十余万元，徐某心中一直耿耿于怀。2017 年 4 月 15 日，徐某、薛某约於某来深圳，并让於某告诉赵某。赵某一听，自己的姨姐来了，那必须请吃饭呀，就约了姜某、冯某去请三人吃晚饭，吃饭的时候，听到徐某说约了花某来谈判。吃完饭，赵某要回去上班，就留下姜某、冯某作陪，这几个人随后去了酒店。赵某夜里 1 点下班后来酒店作陪，但一直待在房间里睡觉，直到第二天早上送於某去火车站坐火车回家，路上才听说徐某等人在酒店当场把薛某和花某抓奸在床，还找花某要了钱，但具体的数额不清楚，也没有分到钱。案发 5 天后，赵某在上班地点被公安机关抓获，涉嫌抢劫罪被刑事拘留。

抢劫罪是暴力犯罪，历来是从重打击的对象，从会见所了解的情况来看，这起案件类似于抢劫。但通过多次会见以及与家属的沟通，律师判断赵某确实不在现场，没有实际参与，很有可能是无罪的，同时律师对本案的定性产生质疑，案件的性质更符合非法拘禁罪。基于这些考虑，律师向公安机关提交了取保候审申请书，认为本案不是抢劫罪，赵某不在场，符合取保候审的条件，但公安机关很快就驳回了律师的申请。

随后，案件移送检察院呈请逮捕，律师及时递交法律意见书，向检察官阐明本案的定性不是抢劫而是非法拘禁，并以赵某未实际参与为由，请求不予批准逮捕。检察官最终还是批准逮捕，但罪名变更为非法拘禁。这也算是初战告捷。

案件移送审查起诉后，律师及时阅卷，通过细致的阅卷，发现在案证据中能够证实赵某事中没有参与“抓奸”、殴打、取钱的犯罪行为，事后也没有参与分钱，指控其事前参与“抓奸”、要钱合谋的证据仅有被告人薛某、徐某的部分供述，其本人在公安机关的多次供述中，也强调他只是去请於某吃饭，吃完饭就去上班了，没有参与后续的“抓奸”及要钱。

律师经过和被告人赵某及其家属的充分沟通后，达成一致意见，为赵某作无罪辩护。确定辩护方案后，律师向承办检察官提交了不起诉法律意见书，还申请了羁押必要性审查，但都没有被采纳。最终检察院决定以非法拘禁罪提起公诉，赵某列为第三被告人。

既然指控被告人赵某的证据主要是同案被告人的供述，那么如果能够推翻这些供述，就能够为其脱罪。经过详细的分析对比，律师发现，徐某的那份供述中存在复制、粘贴，而且没有对商量的时间、地点作出具体的描述，那就很有可能是受到办案人员的诱导而作出的，或者徐某根本没有作出这样的供述。虽然薛某的供述不止一次说自己和赵某商量过，但关于商量的时间、地点的说法并不一致，一次是在吃饭时，一次是在酒店见面时，这两次见面时几名被告人都在场，在案证据还有监控录像，但监控录像只有图案，没有声音。

选好本案的突破点后，律师除了精心准备质证意见、质疑相关证据的真实性外，将重点放在当庭对被告人的询问上，律师想通过当庭发问，来否认徐某和薛某的庭前供述，来达到无罪辩护目的。为此，律师精心准备了发问提纲，反复设计、确认发问问题和答案，并通过会见和赵某进行了多次交流。

庭审中，通过询问，徐某供述赵某没有参与本案，也不知情，赵某和其他被告人也作出了同样的供述，但薛某仍然供述在酒店见面时和赵某商量过一次。单独询问被告人完毕，所有被告人都到庭时，律师申请对质。经审判长允许，律师就当时在酒店外见面时的情况向所有被告人询问，确认当时赵某和薛某的见面时间很短，只是打了一个招呼，根本无法进行商量。薛某这时才改口，说主意是自己拿的，没有和赵某商量。

在庭审质证阶段，律师继续质疑薛某的庭前供述，并重点展示薛某供述和其他被告人供述之间、薛某供述和监控录像之间的矛盾之处。比如见证人签名的多份笔录确实都有了见证人签名，但能够看出笔迹颜色略微有些深浅不一。律师立即提出这些签名是事后补签的，并当庭提交从检察院拿到的案卷光盘，请求合议庭予以核对。

在法庭辩论环节，律师发表无罪的辩护意见时，还申请了取保候审，庭后将辩护词和取保候审申请书一起提交。

辩护效果

庭审后不久，被告人赵某被取保候审。随后，检察院撤回对赵某的起诉并作出不起诉决定。

辩护心得

在团伙案件中，由于参与人数较多，需要区分主从犯，明确每个被告人在犯罪行为中所起的作用，从而确定刑期的长短。在所有证据中，被告人供述是极其重要的证据，如果把其他证据比喻成珍珠，那么被告人供述就是串起这些珍珠的绳子，有了这根绳子，珍珠才能成为项链，散发出迷人光彩，也就是法律人常说的“形成完整证据链”。在实践中，“口供是证据之王”的思想一直存在，办案人员往往会用各种手段审讯被告人，获得对案件有利的被告人供述。因此，部分被告人在庭前供述时为了推脱自己的责任，或者受到某些的诱导，往往会作出不真实的供述。而要揭露被告人庭前供述不真实，庭审发问和对质就是一个很好的方法。

对被告人的庭审发问，有许多律师不重视，认为公诉人已经问过一遍了，再问就是多此一举，殊不知，这样做等于放弃了律师庭审辩护的第一道防线。公诉人作为控方，讯问被告人更多地是站在指控犯罪成立的角度，而辩护人天然是追求无罪、罪轻的，询问的角度一定会有所不同。特别是被告人反映其在侦查阶段的供述存在不真实的情况下，辩护人的询问更有利于法庭查明事实，作出正确的判断。

当然，庭审发问需要方法和技巧，更要进行训练和实践，经验和技能的积累不可能一蹴而就，也没有捷径可走，唯有学习和训练。

需要特别强调的一点是，即使被告人翻供，庭审供述推翻了原来的庭前供述，但庭审供述能否被合议庭采纳，还是未知数。根据法律规定，需要被告人为此作出合理解释，并结合在案其他证据的印证情况来进行综合评判。所以庭审发问和对质环节只是一个开始，在质证环节还是要结合其他证据的情况发表有针对性的质证意见，从而让合议庭内心确信被告人的当庭供述才是真实的。

律师思考

现在的刑事辩护，不仅立足于法庭上的辩护，更多地要向前延伸，进行庭前辩护。在本案中，律师在侦查阶段就提交法律意见书，试图通过辩护改变罪名，从重罪改成轻罪，还提交了不起诉意见和羁押必要性申请，虽然没有成功，但这个思路是对的。

应当说，庭前辩护其实是大有作为的。

律师应该把辩护工作尽量提前到侦查阶段和审查起诉阶段，通过和检察官的沟通，让嫌疑人或被告人依法早获自由。

经济纠纷应界定，民间借贷不构罪
——李某涉嫌诈骗案

案情简介

李某于2012年在S市L区开了一家五金厂，因经营不善倒闭，欠了几十万元债务。2013年，李某通过相亲网认识了吉某后，两人确定恋爱关系。同年上旬，李某为偿还工厂债务，以信用差为由要求吉某帮其办理贷款，由其自己还贷。吉某先后用其身份证及社保卡在贷款公司办理了贷款7万多元，并将贷到的款项交给李某。后李某与二手车中介的刘某商量购买车辆，要求吉某为其贷款买车。吉某同意，于是在汽车城办理了一张贷款额度为15万元车贷及信用额度为2万元的信用卡。同年11月，李某在汽车城购买一辆价值23万元的汽车，刷走吉某信用卡内人民币15万元，同时办理过户手续，后李某让刘某卖掉车辆并刷走吉某信用卡内2万元用于偿还自己的工厂债务。2013年12月，由于吉某还不上贷款，又无法与李某取得联系进而报案，S市L区公安分局以李某涉嫌诈骗罪将其刑事拘留，后被移送S市L区人民检察院审查起诉。

本篇撰稿人：黄婉琳，北京市盈科（深圳）律师事务所专职律师。

律师策略

根据《刑法》第266条的规定，诈骗罪是指以非法占有为目的，用虚构事实或者隐瞒真相的方法，骗取数额较大的公私财物的行为。《刑事诉讼法》第175条第4款规定："对于二次补充侦查的案件，人民检察院仍然认为证据不足，不符合起诉条件的，应当作出不起诉的决定。"

辩护人认为，认定李某构成诈骗罪的犯罪事实不清、证据不足。李某不具有非法占有的故意，可在审查起诉阶段争取向检察机关对李某作出不起诉决定，故依法向S市L区人民检察院提出不应当起诉的法律意见，请求对李某作出不起诉的决定。

辩护效果

S市L区人民检察院经两次退回补充侦查后，采纳了辩护人的意见，依法对李某作出不起诉的决定。

辩护心得

辩护人多次会见犯罪嫌疑人李某并经充分阅卷，认为公安机关认定李某构成诈骗罪的事实不清、证据不足，不应当提起公诉，并向检察院提交不应起诉的法律意见。

一、李某不具有非法占有他人财物的主观故意，不符合诈骗罪的主观构成要件

李某与被害人吉某本为恋人关系，基于恋人身份，吉某自愿为李某办理贷款以帮助其脱离困境，且根据双方的微信聊天记录可证实，李某表示会归还该款项，而实际上也归还了一部分。李某并没有隐瞒其财务状况，其多次向吉某表明经济窘迫的事实，吉某念及双方情感，不忍对方陷入绝望而施以援手，希望自己的帮助能使李某脱离困境，东山再起。如因此即认定李某具有非法占有他人财产的主观故意，那么这个社会只会变得更加冷漠，一人受困，则人人袖手旁观，唯恐避之不及。因此，李某不具有非法占有的主观故意，不符合诈骗罪的主观构成要件，而后来的无法联系仅仅是无力偿还借款的后果。

二、李某并未虚构事实、隐瞒真相引诱被害人办理贷款，其没有使被害人陷入错误认识，被害人也并非基于错误认识处分财物，其行为不符合诈骗罪的客观构成要件

李某为偿还工厂债务请求吉某为其办理贷款，吉某作为完全民事行为能力人知道且应当知道贷款的用途和风险，从而做出决定。李某并未向吉某虚构事实、隐瞒真相，吉某为其办理的贷款20000元与55000元李某确实用以偿还工厂债务，吉某对此亦知情。李某并没有利用该款项肆意挥霍，且也归还了部分款项。《起诉意见书》指控李某与做二手车中介的刘某合谋让吉某为李某贷款买车。S市L区公安分局指控两人共谋，仅有吉某的供述，没有其他证据予以证明，何况李某并未与刘某共谋诈骗吉某车款，其仅是了解到刘某为二手车中介，三方按正常手续办理车贷并购买了车辆，之后刘某卖掉车辆，却迟迟不归还车款，后经李某多次催促才归还部分款项。李某对刘某携款潜逃的行为并不知情，李某也并未与刘某共谋诈骗吉某车款，办理车贷、购买车辆及卖掉车辆均是在与吉某协商并经吉某同意的基础上进行的。李某并没有编造虚假理由、隐瞒真实情况使吉某陷入错误认识，吉某也并非基于错误认识办理贷款，相反，吉某是在了解贷款用途且知晓贷款风险的基础上自愿为其办理贷款，因此李某的行为不符合诈骗罪的客观构成要件。

三、本案属于民事纠纷，而非刑事案件，双方是由于男女朋友关系引起的经济纠纷，应通过民事途径解决

2013 年，李某与吉某通过网络平台相识，两人确定恋爱关系后，双方即同居，期间吉某还以李某女朋友的身份多次回老家见了李某的父母及亲戚朋友，双方谈及了结婚等事项，两人差一步即进入婚姻殿堂。李某并没有隐瞒自己的真实身份，如李某刚开始认识吉某之时即已有非法占有的目的，又何必以女朋友的身份多次随吉某回老家见父母及亲戚朋友，还谈及结婚事宜呢，其完全可以利用假名、假住址或假证件来掩盖真实身份，在得手后便销声匿迹，或在骗得借款后，通过更换手机号码、变更居住地点等方法来隐匿行踪。李某也并没有隐瞒自己的财务状况，其在与吉某的交往过程中，就向吉某表明自己经营的工厂因经营不善而欠债。李某并未在其负债累累或者没有任何偿还能力的情况下，通过虚构事实谎称拥有房屋、土地、豪车等，将自己装扮成富人或具有偿还能力，在骗得借款后大肆挥霍，造成借款无法归还，其并不具有非法占有的主观故意。李某借钱的理由符合实际用途，李某让吉某为其贷款时已告知吉某借款的真实用途，让吉某知晓贷款资金的用途和风险，从而做出决定。李某并未制造一些虚假的借款用途，如投资、工程建设等正当而且有丰厚利润的项目，使吉某产生其借出资金安全并能及时收回的错误认识。在李某与吉某多次的微信聊天记录中，李某都表示涉案款项将由其偿还，并且也偿还了一部分，其并未刻意避债，仅是由于偿还能力问题无法及时清偿债务，本案仅是双方之间的民间借贷，不构成刑事犯罪，应通过民事途径解决。

律师思考

“借钱不还”型诈骗，即借贷式诈骗，是指行为人以非法占有为目的，通过虚构借贷的形式，骗取公私财物的诈骗行为。此类犯罪在日常生活中时有发生，由于犯罪人通常都是披着民间借贷的面纱实施，而且多发于亲戚、朋友、熟人之间，因此与民事案件中的债权债务纠纷在表现形式上有很多相似之处，如都是以借款为名投资项目或偿还其他借款、到期无法偿还债务、催债过程中的断联等。在处理此类案件时必须进行严格审查，防止将债务纠纷作为犯罪处理，避免打击无辜。

在审查借贷式诈骗与民间借贷时应综合考虑以下几点：

1. 行为人借款时的主观意图

诈骗罪中，行为人主观上具有非法占有的故意，行为人以“借贷”作为其虚构的幌子，主观上根本没有归还的意思。而正常的民间借贷中，借款人在借款时具有偿还的真实意思，只是因为客观原因造成债务不能及时归还。

2. 行为人为借款采取的方法

诈骗罪中，行为人在借款时都会采取虚构事实和隐瞒真相的方法，导致被害人产生错误的认识，如虚构借款用于某种投资或营利性的活动、虚构自己的财务状况，使被害人误信其有归还的能力。而在正常民间借贷中，借款人往往会如实地告知其借款用途，并将借款用于实际用途。

3. 行为人对借款后的态度

诈骗罪中，行为人由于根本没有归还的意思，在骗取财物后，使用上会毫无顾虑和节制，如将借款用于赌博、吸毒或个人挥霍。而正常民间借贷中，借款人为了偿还借款，会将借款用于可产生合法收益的途径，以保障归还借款。

办理本案时深深意识到，刑事律师在办理刑事案件时，要胆大心细，大胆地提出质疑，突破固有的思维模式，不放过任何细节，寻找突破口，争取最大限度地维护当事人的合法权益。

在审查起诉阶段大幅降低涉案金额、被害人人数，以减轻审判阶段的辩护压力

——刘某涉嫌诈骗案

案情简介

2017年6月，被告人李某与刘某合伙筹办网站销售考研资料。李某负责该公司网站的搭建及技术支持，刘某负责销售及管理，网站以某公司名义进行网络招聘，将杨某等五人（均另案处理）先后纳入销售团队，其中杨某是小组长，负责公司日常运作和人员管理。网站通过百度搜索投放广告宣传，销售考研资料，承诺每种考研资料中均包括电子版和纸质版，产品分为960元和1960元两档。销售人员与浏览网站的被害人互加QQ好友后，诱导被害人下单并支付，多次向被害人承诺可以返现（960元的产品半价或者返现300元不等，1960元的资料返现600到1000元不等）或"加急发货然后退款"作为营销手段，但并无实际返现及退款。经营过程中，被害人未收到考研资料和返现，经投诉也并未收到退款。被告人李某与刘某作为考研资料网的创始人，被告人刘某作为管理人员，纵容、放任销售人员虚构"返现""加急"等噱头

本篇撰稿人：秦建军，北京市盈科（深圳）律师事务所高级合伙人律师。

诱导被害人下单，向被害人作出根本无法实际履行的虚假承诺，导致被害人的钱款损失共44069元。

律师策略

辩护人认为：

1.就定性而言，《起诉书》指控刘某负责销售和管理；销售人员虚构“返现”“加急”等噱头诱导被害人下单，向被害人作出根本无法实际履行的虚假承诺，导致被害人的钱款损失共44069元；刘某纵容、放任销售人员虚构“返现”“加急”等噱头诱导被害人下单无事实依据，不能成立。

2.在案部分证据涉嫌程序违法，不具有合法性、客观性，不能作为本案定案根据。

3.本案不符合“利用电信网络技术手段实施诈骗”的法律特征，公诉机关适用法律错误。

4.刘某在主观上无诈骗故意，客观上无诈骗行为，《起诉书》指控其犯诈骗罪，无事实及法律依据，不能成立。就量刑而言，若法庭不采纳辩护人的无罪辩护意见，请法庭注意其具有自首、从犯、积极退赃并取得被害人谅解、初犯、偶犯、无犯罪前科、认罪认罚以及本案涉案金额少等法定、酌定的从轻、减轻、从宽、免除处罚情节，建议对刘某免于刑事处罚或适用缓刑。

辩护效果

被告人刘某被指控诈骗罪一案，在审查起诉阶段，将公安机关《起诉意见书》中的涉案金额从64万元减少至公诉机关《起诉书》中的 44069 元，将全国范围内被害人的人数从 300 多人降至 29 人，被告人刘某被 S 市 B 区人民法院从轻处罚，判处有期徒刑 3 年，缓刑 4 年。

辩护心得

第一部分，就本案第一审定性部分，辩护人作出以下辩护意见：

一、《起诉书》指控刘某负责销售和管理的证据不足

根据刘某本人的供述，刘某与同案被告人李某合伙发起考研资料销售项目，其担任出纳。

根据杨某等 6 人的供述，公司的日常运作、销售人员及售后管理由杨某负责，对于刘某在团队中的作用或角色，除杨某外的其余 5 名销售员均一致陈述：不清楚刘某具体担任何种职位、从事什么工作，其平时很少来公司，对工作方面的事情销售员均不直接跟刘某联系。仅杨某曾供述其在销售中遇到问题会向刘某反映，而在补充侦查阶段，杨某则供述销售中遇到问题会向李某反馈，除此之外，没有其他在案证据可以佐证，故指控刘某在团队中起“负责销售和管理”的证据不足。

二、《起诉书》指控销售人员虚构“返现”“加急”等噱头诱导被害人下单，向被害人做出根本无法实际履行的虚假承诺，导致被害人的钱款损失共 44069 元，缺乏证据支持，不能成立

1. 关于销售人员虚构“返现”“加急”等噱头诱导被害人下单的事实缺乏证据支持

本案被害人与被告人之间的沟通记录是证实被告人是否存在欺骗行为、被害人是否因欺骗产生认识错误从而处分财产的直接证据。公诉机关统计的 29 名客户（注：公诉机关的统计表中有 35 人，其中 6 人重复，故实际应为 29 人）中，仅有部分人提供了与交易相关的沟通记录，故不能证明刘某在此交易中存在所指控的诈骗行为。

2.《起诉书》指控被害人的钱款损失共计 44069 元的证据不足且计算方法不合理

必须指出的是，一般交易中的财产损失、被害人的给付与行为人的反对给付是一体化的，在认定是否发生财产损失时，仅考虑被害人一方交付财产是不够的，必须将被害人财产价值的减少与因此导致的财产价值的增加进行客观比较。财产（不管是积极的还是消极的）是人的财产关系的总体，必须从整体上考虑。[①]一方面，在欺骗他人并同时给付对价的场合，交易关系事实上存在。另一方面，在有商品交易存在时，即使被害人因受到欺骗而交付了财产，但只要对方向其支付了价值大致相当的物品，使其经济目的得以满足，很难说有较大的实质上的财产损害。就本案而言：

（1）公诉机关将少数没有收到纸质考研资料也未收到电子档资料的情形纳入诈骗金额，混淆了民事违约与刑事诈骗的界限。公诉机关提供的统计表显示有 12 人未收到任何材料，对应金额为 23449 元。提醒合议庭注意的是，根据刘某的供述，对该 12 人已全部发货，此种情形系合同履行违约，不符合诈骗罪的构成要件。

首先，在案证据显示，本案所涉售考研资料的交易关系中，销售的考研资料并非虚构，而是真实存在的且产品在网站上均明

---

① 参见张明楷："论诈骗罪中的财产损失"，载《中国法学》2005 年第 5 期。

码标价。

其次，客户下单购买产品时，其目的很明确就是要选购所需的考研资料，销售方不存在欺骗行为，客户也没有基于销售方的行为产生认识错误进而处分其财产。客户付款后，公司已全部发了货，而绝大部分客户也都收到了其所购买的考研资料电子版，至于少数未收到电子版资料的，充其量是违约行为。

（2）关于购买考研资料时承诺返现但没有收到返现的部分（共12人，金额7914元），不应计入诈骗金额。

销售人员介绍返现的行为系商事活动中常见的一种促销手段。本案所涉的考研资料产品在网站上明码标价，在案部分沟通记录显示，客户选中所需考研资料后，个别客户向销售方要求一定的价格优惠，此时销售人员会介绍返现（注：960元的产品半价或者返现300元不等，1960元的产品返现600元到1000元不等），以满足客户希望获取优惠的消费心态，促成交易。必须指出的是，客户并不因为销售人员的"返现"承诺而对其要选购的产品及价值产生认识错误，进而下单付款，其交易目的的核心仍然是购买考研资料，故销售人员介绍返现的行为不符合诈骗罪的构成要件。返现未兑现，充其量是客户未享受到优惠的折扣价格，客户已收到考研资料，其合同目的已实现，故不存在财产损失。

（3）本案应列入财产损失的部分仅限于被害人为"加急"而支付的费用，以及购买部分资料先支付全款后退还部分款项但未退款的部分。但该部分指控存在关键证据缺失、取证程序违法的情形，达不到刑事案件证明标准。

公诉机关统计表中第25–35号显示的11名客户，其中仅有第27、29、30、32、33、34号的6人为加急；其余5人均是购买部分资料，承诺了折扣价或承诺退部分钱款而未退，该5人虽购买部分资料，但公司人员却发送了全部的电子版资料。

11名客户中，6人仅有询问笔录，没有能证明存在诈骗行为和财产损失的关键证据，不能达到证据确实充分的证明标准；有询问笔录、沟通记录、转账记录相互印证的为5人，分别是陈某1671元、何某998元、程某998元、魏某998元、金某1998元，合计6663元。但该5人的沟通及转账记录在取证及辨认程序上违法，系非法证据，应予排除，不得作为定案根据。

三、没有证据证明被告人刘某在考研资料网创始和销售中存在犯罪故意，《起诉书》指控刘某纵容、放任销售人员虚构“返现”“加急”等噱头诱导被害人下单，不能成立

根据我国刑法理论通说，诈骗罪在主观方面系直接故意犯罪且具有非法占有公私财物的目的，故成立诈骗罪的共同犯罪，除客观上要求各行为人之间有共同的诈骗行为（包含分工行为），还要求各行为人之间有犯意联络。

根据被告人刘某及李某的供述，二被告人分别为硕士和博士，均有过考研经验，发现销售考研资料是一个商机，二人手上又拥有大量考研资料，故决定合伙筹办网站销售考研资料。

辩护人通过查阅全部在案证据，发现没有证据显示被告人刘某经营网站具有犯罪的故意。《起诉书》指控销售员在与客户沟通中涉及的“返现”“加急”等行为均发生在具体销售环节中，

5 名销售员均一致供述系被告人杨某教他们所为，至于该营销手段由谁提出，5 名销售员均表示不清楚。仅有杨某供述称“返现”“加急”是刘某所教，其在第 5 次讯问笔录中称销售话术是刘某给的电子文件，但在第 1 次补充侦查讯问中又称其入职时网站上已有话术了。杨某的供述存在反复且无其证据予以印证，不能作为认定案件事实的依据。故，没有在案证据证明刘某在网站创始及整个销售过程中有犯罪的故意。

关于《起诉书》指控刘某纵容、放任销售人员虚构“返现”“加急”等噱头诱导被害人下单，导致被害人的钱款损失。就行为性质而言，“纵容”“放任”是指对错误行为不加制止、任其发展，均为消极行为，有别于纳入刑法调整的“教唆”“强令”“指使”等积极行为。教唆犯、帮助犯是刑罚扩张事由，只有当教唆行为、帮助行为与正犯结果之间具有因果关系时，教唆犯、帮助犯才对正犯结果负责。

刘某供述承认在 2017 年 9 月知道销售员对客户讲“返现”“加急”的情况，但是由于不知道具体的返现数额且已将提成发放给销售员，所以未实际履行退款义务。对本案定性起重要作用的是销售员的销售行为，而刘某不直接接触客户，不负责销售人员的管理，仅从其知道“返现”和“加急”后的不作为，不能推定其具有犯罪的主观故意。因其纵容、放任的消极行为所获的收益应认定为不当得利，由民法调整而非刑法调整。

四、部分在案证据涉嫌程序违法，不具有合法性、客观性，不能作为定案根据

公诉机关提交了 7 类证据，但其中对本案定罪量刑有重大意义的主要证据存在严重违法取证情形，由于相关证据不具有合法性、真实性，属于非法证据，依法不能作为本案的定案根据。

1. 公诉机关提交的被害人的沟通记录、付款记录、“话术”等均是以数字化形式存储和传输的电子证据，但该电子证据不具有合法性。

最高人民法院、最高人民检察院、公安部《关于办理刑事案件收集提取和审查判断电子数据若干问题的规定》(以下简称《电子证据规定》)明确规定侦查机关应当遵守法定程序，遵循有关技术标准，全面、客观、及时地收集、提取电子数据。该规定第 8 条明确，收集、提取电子数据，能够扣押电子数据原始存储介质的，应当扣押、封存原始存储介质，并制作笔录，记录原始存储介质的封存状态。封存前后应当拍摄被封存原始存储介质的照片，清晰反映封口或者张贴封条处的状况。在案证据材料显示：侦查机关抓获犯罪嫌疑人的当天扣押了相关电子数据的原始存储介质，但是否采取封存措施以及如何封存，却没有任何记录。

上述《电子证据规定》第 14 条规定，收集、提取电子数据，应当制作笔录，记录案由、对象、内容、收集、提取电子数据的时间、地点、方法、过程，并附电子数据清单，注明类别、文件格式、完整性校验值等，由侦查人员、电子数据持有人（提供人）签名或者盖章；电子数据持有人（提供人）无法签名或者拒绝签名的，应当在笔录中注明，由见证人签名或者盖章。有条件的，应当对相关活动进行录像。但在案电子数据材料均无提取笔录，不能证明证据来源，不具备合法性。

2. 公诉机关出示的被害人的《询问笔录》存在以下不符合刑事证据要求的情形：

（1）最高人民法院《关于适用〈中华人民共和国刑事诉讼法〉的解释》第 75 条、《公安机关办理刑事案件程序规定》第 63 条规定，公安机关在行政执法和查办案件过程中形成的证据材料能够作为刑事证据使用的证据种类中明确排除了言词类证据。本案部分笔录系公安机关在行政执法过程中制作，故该部分询问笔录不具有刑事诉讼证据的资格，不能作为刑事诉讼的证据使用。

（2）《公安机关办理刑事案件程序规定》第 211 条第 2 款的规定，侦查人员不得向证人、被害人泄露案情或者表示对案件的看法，严禁采用暴力、威胁等非法方法询问证人、被害人。本案部分笔录系被害人在接到警方通知后到公安机关备案制作，该部分被害人陈述的取证程序违法，其真实性、客观性存疑。

五、本案不符合"利用电信网络技术手段实施诈骗"的法律特征，公诉机关适用法律错误

根据 2016 年 12 月 20 日两高一部发布的《关于办理电信网络诈骗等刑事案件适用法律若干问题的意见》（下称《电信网络诈骗意见》），"利用电信网络技术手段实施诈骗"，是诈骗犯罪的一种特殊形式，成立"电信网络诈骗"除了具备诈骗罪的基本构成要件之外，还应具备以下法律特征：

1. 必须是利用电话、网络等非接触式的作案方式。"利用电信网络技术手段实施诈骗"的前提是行为人实施诈骗行为必须依托于电话、短信、互联网作为实施犯罪的工具，这是"电信网络诈骗"

有别于传统诈骗犯罪的重要标志之一。

2. 上述两高一部《电信网络诈骗意见》发布后，最高人民法院刑三庭副庭长李睿懿对该意见进行了深入解读[①]，其认为“电信网络诈骗是特定的概念，指点对面的诈骗，不是传统点对点的诈骗”。据此，利用电信网络进行“点对面”诈骗是“电信网络诈骗”的重要特征。如果行为人实施诈骗行为没有利用电话、短信、互联网等手段，或者只是利用网络针对特定人进行诈骗，受害群体不具有广泛性，均不属于“电信网络诈骗”。

本案涉案考研资料真实存在且明码标价，不存在欺骗客户的行为。为销售考研资料搭建的网站，仅为展示产品、辅助销售。在案其他证据均显示不出网站存在编造虚假信息行骗的行为。

从客观行为看，本案不符合点对面的特征。就本案指控行为，前文已分析，考研资料销售及销售过程中承诺返现的行为均不符合诈骗罪的构成要件，可能涉嫌欺诈的行为仅发生于交易达成后的特定买卖双方之间。即在具体的合同履行过程中，客户要求卖方发送纸质版资料时，销售员让客户重新下单选择加急而支付费用的行为，该行为发生的场合及指向的对象均特定，不符合点对面的特征，故本案不属于“利用电信网络技术手段实施诈骗”。

---

① 参见最高人民法院刑三庭副庭长李睿懿在“两高一部”《关于办理电信网络诈骗等刑事案件适用法律若干问题的意见》新闻发布会上的文字实录链接：https：//www.chinacourt.org/chat/fulltext/listId/46467/template/courtfbh20161220.shtml；视频直播连接：http：//tv.chinacourt.org/18388.html，最后访问日期：2021年3月27日。

第二部分，就本案量刑部分，若法庭不采纳辩护人的无罪辩护意见，请法庭注意：

两高三部《关于依法保障律师执业权利的规定》（2015年9月公布）第35条规定："辩护律师作无罪辩护的，可以当庭就量刑问题发表辩护意见，也可以庭后提交量刑辩护意见"。

1. 刘某系自动投案，如实供述，具有自首情节。根据刘某的供述及侦查机关于2018年5月31日出具的《情况说明》，刘某在明知可能涉及刑事案件的情况下，自动投案，符合投案的自动性。刘某到案后的第一次供述中，交代了其所知道的全部事实，其在针对侦查人员讯问"你是否承认有诈骗行为"时，答复说"我不确定我是不是诈骗行为"，属于对行为性质的辩解。

根据最高人民法院《关于被告人对行为性质的辩解是否影响自首成立问题的批复》，犯罪以后自动投案，如实供述自己的罪行的，是自首。被告人对行为性质的辩解不影响自首的成立。

2. 刘某在在涉案团队中仅为出纳，并不直接接触客户，也不负责销售及管理，故其在本案中的作用非常小，系从犯。

3. 最高人民法院《关于常见犯罪的量刑指导意见》规定，积极赔偿被害人经济损失并取得谅解的，综合考虑犯罪性质、赔偿数额、赔偿能力以及认罪、悔罪程度等情况，可以减少基准刑的40%以下。本案中，刘某在家属协助下积极退款并获得客户谅解。刘某真诚悔过，对于能够联系上并核实的客户，在家属协助下积极赔偿客户损失并取得客户谅解，其造成的社会矛盾已得到弥补。

4. 刘某系初犯、偶犯，无犯罪前科，其在案发前一直遵纪守法，表现良好，从未有过任何违法犯罪行为。

5. 刘某自侦查阶段第1次讯问开始，主动交代案件事实，认罪认罚，应依法予以从宽。

6. 本案涉案金额少且存在关键证据缺失、取证程序违法等情形，不能达到刑事证明标准。

律师思考

刑事辩护是刑事案件的被追诉人及其辩护人反驳公诉机关（或自诉人）对被追诉人的指控，提出有利于被追诉人的事实、证据与理由，提出并论证被追诉人无罪、轻罪、数罪中罪数减少、罪轻（从轻、减轻、免除处罚）等主张，维护被追诉人的程序性权利，保障被追诉人合法权益的诉讼活动。本案即通过有效的证据辩护，大幅降低涉案金额、被害人人数，无罪辩护意见虽未被法院采纳，但最大限度地为被告人争取到了量刑从轻，最终达到罪轻辩护的效果。

证据辩护是与程序辩护、无罪辩护、轻罪辩护、量刑（罪轻）辩护等并存的一种辩护形态，即围绕刑事证据的合法性、客观性、关联性（或证据资格及证明力）展开辩护，若应用得当，往往会产生"颠覆性"的辩护效果。证据辩护是刑事辩护的核心，是传统事实辩护精细化的"技术升级版"，这种精细化体现在法律依据特别是证据规则的精细化、证据规则应用的精细化和技术化以及组织证据、分析证据、应用证据的精细化。

证据辩护与刑事证据规则是一种相互依存的互动关系。一方面，证据辩护形成了刑事证据规则。辩护人通过对证据的取得或提取方式、证据载体、证据保管方式、证据的形式要件、对证据的解读、证据与待证事实的关系、证据与其他证据的印证关系、证据与其他证据证明力大小的比对等方面提出异议，使一些因不可靠或其他原因而不具有可采性的证据被排除出法庭事实认定活动的视野之外。律师有效参与与证据异议制度的建构是证据规则尤其是证据排除规则得以形成和激活的前提性条件。另一方面，完善的刑事证据规则为证据辩护提供了更大的发展空间，为辩护人质疑控方的证据体系提供了重要的法律根据。

以证据与逻辑融合论证的方法解析行为人的主观意图

——郑某涉嫌虚假诉讼、诈骗案

案情简介

2017年12月21日，Z市公安局J区分局以郑某、秦某涉嫌虚假诉讼罪、诈骗罪向Z市J区检察院移送审查起诉。

Z市公安局J区分局移送审查起诉认定：2012年7月，黄某因投标某项目急需资金500万元，找秦某借钱，秦某联系郑某借贷资金500万元给黄某。郑某提出以秦某作为借款人，黄某作为担保人，签订借款协议和担保协议，协议签订后郑某向黄某的工行账户转账500万元。2013年3月10日，黄某找秦某商量向郑某还款，秦某要求黄某将还款转至其本人银行账户，黄某要求秦某向郑某汇报并由郑某出具收据，秦某在黄某等人的见证下当场打电话联系郑某，郑某表示同意以秦某账户收款，并答应将部分款项暂借其使用，秦某在得到郑某的确认后将其假冒郑某签名的一份复印件《收据》交给黄某。2014年10月，郑某向S市L区法院起诉，要求秦某归还500万元借款及利息，并起诉黄某承担连带担保清

本篇撰稿人：胡玄欣，北京市盈科（深圳）律师事务所合伙人律师；姜帆，北京市盈科（深圳）律师事务所专职律师。

偿责任，起诉过程中郑某向法庭隐瞒了其实际收回还款的事实。S市L区法院在秦某、黄某均未出庭的情况下判决支持郑某的全部诉讼请求。2016年10月，S市L区法院根据郑某的强制执行申请，查封了黄某名下房产一套，并冻结其账户资金215万余元。

律师策略

辩护人注意到本案有可能属于牵连犯[①]。假如郑某具有与秦某共谋骗取黄某财物的共同故意，则其通过诉讼方式要求黄某承担连带担保清偿责任的行为即属于方法行为，其根本目的是为了将黄某的财物非法据为己有。然而，侦查机关以郑某同时涉嫌虚假诉讼罪和诈骗罪两罪移交检察院审查起诉，一定意义上反映出侦查机关对其所指控事实及行为定性的底气不足。经分析，辩护人认为该案的焦点问题在于郑某主观上是否具有与秦某共谋骗取黄某财物的共同故意，而认定上述故意的关键事实在于郑某有无授意以秦某账户收取还款及授权秦某向黄某出具收款收据。

一、组织证据多重论证，驳倒证据印证关系

该案最棘手之处在于同案犯罪嫌疑人秦某的供述与被害人黄某的陈述相互印证，共同证明郑某同意以秦某个人账户收取500万元还款，且授权秦某代为出具收据。推翻上述印证关系，成为

① 牵连犯，是指行为人实施一个犯罪，其犯罪的方法行为（也称手段行为）或结果行为又触犯了其他罪名的一种犯罪形态。对于牵连犯的定罪处罚，无论刑法理论主张抑或刑事司法实践，一般均采取“择一重罪从重处罚”的原则，不实行数罪并罚。

认定郑某不具有虚假诉讼或诈骗故意的关键。第一，对秦某前后笔录进行纵向比对，发现其到案 8 个月后才首次供述称其在银行门口给郑某打电话确认过以其账户收款和代为出具收据一事，并称当时黄某也在场，此前多次笔录均未提及；第二，对秦某和黄某同时段笔录进行横向比对，发现在秦某作出上述供述后，黄某在 3 天后的询问笔录中也首次作出相同陈述，此时秦某被羁押于看守所，两人在时隔大半年后的同一时间段内作出高度雷同的笔录，实在过于巧合；第三，黄某并非通话一方，客观上无法确认秦某通话对象是否为郑某、电话是否接通、双方完整通话内容等情况，侦查机关亦未调取现场监控视频予以佐证。因此，辩护人认为上述笔录内容的真实性欠缺基本的逻辑支撑，处处透露着外力干预的痕迹，不能排除其他合理怀疑。辩护人从笔录形成时间、笔录主体的利害关系、笔录真实性等多角度打出一套组合拳，全力驳倒证据之间的印证关系。

二、抽丝剥茧寻有利证据，推理论证不存在主观故意

辩护人对全案证据进行条分缕析，以期从中找出有利证据印证郑某关于其对黄某实际还款情况并不知情的供述，支撑辩护人推演出的合理怀疑。第一，对郑某与秦某之间的聊天记录进行审查发现，郑某在得知黄某打算还款以后，将自己的农业银行账号发给秦某作为收款账户；第二，秦某称其向黄某出具的 500 万元收据系其“冒签”郑某签名，所谓“冒签”系指未经他人同意假冒他人签名，与经他人授权“代签”是有本质区别的；第三，郑某与秦某的短信记录显示其曾多次催促秦某、黄某还款，亦能够证实其不可能同意秦某将黄某的还款暂时转借他用；第四，多份笔录证实出借款项实际由郑某与案外人林某、田某共同出借，郑某仅作为显名借款人，故在未征询共同出借人意见的情况下，郑某也不可能在电话中立即答应秦某的转借请求。因此，上述证据均能印证郑某关于其并未授意以秦某账户收取还款及授权秦某向黄某出具收款收据的供述，郑某起诉要求秦某和黄某还款，在主观上并没有虚假诉讼的故意，更没有通过虚构事实的方式非法占有黄某还款的犯罪意图。

辩护效果

Z市J区检察院经过两次退回补充侦查，仍无法排除郑某不具有犯罪故意的合理怀疑，认为该案现有证据不足以认定郑某的行为构成虚假诉讼罪或诈骗罪，遂根据《刑事诉讼法》第177条的规定对郑某作出不起诉决定。

辩护心得

一、善用辅助软件，实现单个证据及证据链的深入、全面分析

刑事司法尤其强调刑事印证规则，证据之间能够相互印证是刑事案件作出有罪判决的必要条件，故辩护人办理刑事案件过程中，须尤为重视证据间关联关系的审查。当前刑事案件普遍呈现犯罪预备专业化、作案手段职业化、作案方式集团化、作案过程复杂化、作案装备现代化和反侦察手段普遍化的趋势，由此导致案件卷宗数量动辄几十卷、上百卷，这就对辩护人处理证据的能力提出了更高的要求。通过借助一些办案软件，不但能够提高办案效率，实现办案过程的回溯，方便查缺补漏，还能更准确、直观地定位到案件的关键性事实，进而实现对单个证据本身及证据之间的横、纵向比对分析，论证具体案件能够形成闭合的证据链条。例如，通过文字转换工具对言词证据进行转换，实现对具体事实的检索、摘录，再辅以表格归纳汇总，能够较为直观、准确地发现某一诉讼主体前后笔录稳定性及不同主体之间笔录的印证情况。本案中，辩护人对言辞证据的比对分析对争取不起诉结果起到了至关重要的作用。

二、运用事实、证据、逻辑等综合分析论证方法进行存疑分析

刑事个案中，办案机关所指控的具体事实是否能够排除其他可能性，其他可能性以及证据无法证明的地方往往就是辩护空间所在。在确认证据之间能够相互印证的前提下，需要审查证据之间印证关系的真实性，具体可以比较证据的形成时间、证据来源之间的利害关系等；如果是言词证据与言词证据之间能够印证，则需要审查言词证据的形成时间以及主体之间的利害关系；如果是实物证据与言词证据之间能够印证，则需要审查是属于先证后供还是先供后证；如果是实物证据与实物证据之间印证，则需要回到对证据本身的审查，以此验证证据之间的印证关系。在具体案件中，仅凭在案证据本身往往不能对具体案件事实得出一个完全确定性的判断，但囿于辩护人调查取证权利掣肘及刑事办案风险防范需要，辩护人又普遍难以主动搜集到有利证据。这就需要辩护人结合客观逻辑、一般生活常理及行为人心理状态等因素，对在案证据反映的事实情况进行唯一性分析，论证是否存在其他可能性，能否排除合理怀疑。在无法排除合理怀疑的情况下，将最有利于当事人的可能性进行演绎、呈现，说服承办人作出最有利于当事人的处理结果。

律师思考

刑事辩护中，犯罪故意是所有辩护人都会注意的问题，但主观意图属于行为人的内在心理活动，往往需要通过系统分析在案证据进而予以认定。因此，培养立体式证据审查思维和掌握准确高效的证据审查方法，对于论证行为人是否具有刑事犯罪的主观故意尤为重要，特别是对证据链的分析论证上。我国的刑事司法非常强调刑事印证规则，这就要求律师在办理案件过程中，重视对证据印证关系的审查，包括证据之间能否印证、印证的稳固程度等。辩护人在本案中就是集中火力反驳控方证据之间的印证关系，推翻公安机关的故事，将一个更有说服力的故事呈现在了检察官面前，最终成功说服检察官作出存疑不起诉的决定。

重视审查起诉阶段，仅为他人出口货物提供挂靠服务的行为作不起诉处理

——王某涉嫌骗取出口退税案

案情简介

丘某是G省经济贸易公司（以下简称“G省经贸公司”）的办公室主任，G省商贸国有资产管理公司（以下简称“G省商贸公司”）属于国有企业，是G省经贸公司的上级主管单位。叶某财系S有限公司（以下简称“S公司”）的老板兼法人代表，S公司通过出口音箱线达到走私黄金和骗取出口退税的目的。丘某与叶某财系朋友关系。丘某介绍叶某财给G省商贸公司有关部门认识，之后G省商贸公司代理S公司出口和办理出口退税事宜，并由G省商贸公司收取相关手续费。2019年7月，丘某出资70万元与叶某财等人共同投资成立H公司。2019年11月1日，丘某因涉嫌走私贵金属被缉私分局刑事拘留。2020年12月5日，丘某因涉嫌走私贵金属罪、骗取出口退税罪被缉私分局执行逮捕。2020年4月30日，因涉嫌骗取出口退税罪，丘某被移送检察院审查起诉。

本篇撰稿人：陈立航，北京市盈科（深圳）律师事务所高级合伙人律师；黄梦佳，北京市盈科（深圳）律师事务所合伙人律师。

律师策略

辩护思路：程序性辩护。申请对犯罪嫌疑人不起诉。

2020 年 6 月，辩护人在审查起诉阶段向检察机关提交《关于丘某不构成骗取出口退税罪法律意见书》，恳请检察机关对犯罪嫌疑人丘某不起诉，理由简述如下：

一、犯罪嫌疑人丘某没有伙同他人骗取出口退税的主观故意

1. 犯罪嫌疑人丘某作为 G 省经贸公司的办公室主任，向 G 省商贸公司介绍 S 公司，其目的是促成双方进行正常的生意合作，具有正当性。

2. 犯罪嫌疑人丘某对 S 公司的生产、销售模式并不知情，对叶某财等人走私贵重金属和骗取出口退税的行为完全不知情。

（1）丘某作为 G 省商贸公司的员工被安排前往 S 公司验货、点数，其履行的是公司安排的职务行为，对于 S 公司将货物出口后进行的行为并不知情。

（2）S 公司通过出口音响线走私贵重金属同时骗取出口退税的行为极具隐蔽性，否则 G 省商贸公司是不可能代 S 公司报关、帮助其公司犯罪的。

（3）根据公安机关对本案同案犯的讯问笔录，本案同案犯均未指认丘某知晓 S 公司走私贵重金属的行为，丘某本人在其所有讯问笔录中也表示其从不知晓 S 公司走私贵重金属的行为。

（4）根据公安机关对叶某财的讯问笔录，叶某财与丘某并不相识；根据公安机关对李某的讯问笔录，叶某财与丘某并不熟。叶某财与李某是 S 公司的员工，负责公司的具体生产管理，他们与丘某并不熟识，这也证明了丘某对S公司的具体生产、经营和销售并不知情。

二、犯罪嫌疑人丘某并没有参与实施骗取出口退税的行为

犯罪嫌疑人丘某在S公司与G省商贸公司的合作中，已经尽了审慎审查义务。

1.S公司与G省商贸公司合作的决定权在于丘某的上级领导，丘某只是起到了引荐作用，其没有决定权。

2.S公司与G省商贸公司合作期间，G省商贸公司还有其他员工与S公司具体对接出口事宜，丘某只负责其中一个环节。

三、针对犯罪嫌疑人丘某涉嫌骗取出口退税涉案数额155,528.29元的鉴定，认定事实不清，证据不足

1. 涉案数额的鉴定，没有任何事实依据，亦没有任何证据支撑，该涉案数额不能认定为本案的犯罪数额。

2. 现有证据不能证明该155,528.29元出口退税款的非法利益由犯罪嫌疑人丘某获得。

3. 如果G省商贸公司实施了骗取出口退税的行为并取得了该笔出口退税款，那么就构成单位犯罪，应由单位直接负责的主管人员和其他直接责任人承担责任。

在检察院第二次退回侦查机关补充侦查后，辩护人于2020年9月再次向检察机关提交《丘某涉嫌骗取出口退税罪一案法律补充意见书》，请求对犯罪嫌疑人丘某不起诉。理由简述如下：

1. 犯罪嫌疑人丘某不了解S公司的生产、经营模式。根据公安机关在补充侦查中对丘某及其他同案的犯罪嫌疑人的讯问笔录显示，丘某对于S公司具体的生产、经营模式并不知情，只知道

S 公司是生产音响线用于出口的。

2. 对于犯罪嫌疑人丘某知晓出口的音响线材中含有黄金这一事实，不能认定其具有骗取出口退税罪的主观故意。辩护人认为，即使丘某知晓出口线材中含有贵重金属也是情理之内，因为丘某作为 G 省商贸公司的员工，他负责对 S 公司出口的货物进行验货和清点，因此对于出口的线材中含有什么成分、是否含有贵重金属，也属于其了解出口货物相关信息的职务范围之内。

综上所述，现有证据材料无法证明犯罪嫌疑人丘某有伙同叶某财等人实施骗取出口退税而假报出口的故意，无法证明犯罪嫌疑人丘某参与了 S 公司骗取出口退税的活动，更无法证明丘某是否知晓出口线材中所含的贵重金属超出国家管控范围。因此，不能认定犯罪嫌疑人丘某构成骗取出口退税罪，检察院应依法对丘某作出不起诉的决定。

辩护效果

检察院对丘某作出不起诉决定。

辩护心得

一、从主观方面入手——是否具有骗取出口退税罪的犯罪故意

《税收征收管理法》第 66 条规定："以假报出口或者其他欺骗手段，骗取国家出口退税款的，由税务机关追缴其骗取的退税款，并处骗取税款一倍以上五倍以下的罚款；构成犯罪的，依法追究刑事责任。"从以上规定可以看出，税务机关办理骗取出口退税案件时，并不会考量行为人的主观心理状态，只要行为人实施了"假

报出口或者其他欺骗手段”，骗取了国家出口退税款，即构成骗取出口退税行为，依法应当给予行政处罚。而具体到刑事层面，是否构成骗取出口退税罪，需要依据《刑法》的相关规定，从犯罪构成要件上进行考察。构成骗取出口退税罪必须行为人主观上具有故意，客观上实施了“假报出口”等骗税行为，造成国家税款损失，才能够以骗取出口退税罪定罪处罚。因此，律师在代理骗取出口退税罪辩护时，可以从主观方面入手，论证行为人不具有犯罪的故意或者公诉机关无证据证明行为人存在主观故意，进而进行无罪辩护。

本案证据证实，在G省商贸公司代理S公司出口货物之前，丘某基本上都会前往S公司对货物的外观和数量进行点验，并对货物、运输车辆进行拍照，核实S公司出口货物的真实性。事实上，S公司出口的货物最终都通过了有关部门的查验，出口货物是“真实”的。因此，丘某无从得知叶某财等人从事虚假出口的业务，且已经尽了审慎审查义务。由于存在上述机制，且运转良好，故丘某从来没有怀疑过S公司业务的真实性。本案并无直接证据证实丘某与叶某财等人进行过共谋，也无间接证据证实丘某应当知道叶某财具有骗取出口退税的故意，故不能排除丘某是基于相信叶某财及其S公司出口业务的真实性而提供挂靠服务的合理怀疑。

二、从客观方面入手——是否实施骗取出口退税的行为

根据《国家税务总局关于发布〈出口货物劳务增值税和消费税管理办法〉的公告（一）》的相关规定，企业办理出口退税，应当按照规定进行纳税申报，并提交办理出口退税的相关原始凭证，包括增值税专用发票、出口货物报关单及其他备案单证。可见，取得可用于抵扣税款的发票是实施骗取出口退税的前提条件，公安机关已查处的骗税案件也体现了这一点。骗税分子为了骗取出口退税，通过上游企业开具增值税专用发票，经过多次“洗票”“变票”，最终得到与其退税货物品名一致的进项发票，并配合套取的出口货物报关单及备案单证等，实施骗取出口退税。

随着骗税活动越来越向有组织、专业化、集团化犯罪发展，特别是跨地域、链条式的团伙犯罪频发，骗税主体由贸易型公司向所有类型公司转化延伸。骗税分子在幕后操持多个公司在多个地区同时进行，各环节分工明确，从“假报出口”“配单配票”“虚开发票”“资金空转”“洗票”“炒汇”到“骗税”，各个环节都有专业人士负责。某些企业为了虚增业绩或者获取利益，在收受一定比例的“开票费”后开具增值税专用发票给下游企业，发票经过层层流转“包装”最终被用于骗取国家出口退税款。

应当严格区分虚开行为与骗税行为。开票企业如果对于骗税行为并不知情，也未共谋实施骗取出口退税的行为，其行为应当按照虚开增值税专用发票罪而非骗取出口退税罪定罪处罚。如果公诉机关未将虚开发票的行为人与骗取出口退税的行为人区别对待，则辩护人可以从此入手，论证行为人不构成骗取出口退税罪。

三、重视审查起诉阶段

检察机关在这个阶段里将对侦查机关上报的案件进行认真全面的审查，如果认为犯罪事实清楚、证据确凿，检察机关将依法向人民法院提起公诉。对于那些事实不清、证据不确凿的，将依法退回侦查机关补充侦查，对于不需要追究刑事责任的，将依法不起诉。在这个阶段里，主要是审查各种法律手续，如拘留证、逮捕证等，同时审查这些行为是否合法。根据律师所掌握的案件情况及时向检察机关提出建议，如侦查机关上报的涉案罪名是否正确，侦查机关在审讯犯罪嫌疑人的过程中有无违法取证的行为，侦查机关未注意到或者忽视的有利于犯罪嫌疑人的重大情节及证据等。律师通过与检察机关的接触、磋商、研讨，从而说服检察机关对案件能有一个更加清楚的印象。侦查机关由于种种原因，对其办理的案件未必都能做到程序合法、证据确凿。检察机关由于种种原因也未必就一定对案件作出准确的定性。有了律师的参与，律师将从相反的角度，至少是不完全相同的角度与检察机关进行研讨，将会有利于检察机关综合、全面、公正地对案件进行审查，从而避免或者减少对侦查机关上报的案件先入为主。律师不仅要着眼于不利于犯罪嫌疑人的证据、情节，同时还要着眼于有利于犯罪嫌疑人的证据、情节。如果案件确实存在较大的问题，律师可以向检察机关提出建议，建议退回侦查机关作补充侦查，这样就可以尽最大的可能避免错案的发生。而一旦形成错案，最直接的受害者便是犯罪嫌疑人。错案一旦形成，再想纠正，势必会花费几倍、几十倍甚至更多的时间、精力、和财力。律师在这个阶段里大有可为，而且为最后法院审判阶段做好充分的准备。

律师思考

诸如骗取出口退税罪等涉税刑事案件不仅涉及刑法的有关规定，还涉及大量税法、会计等方面的知识，较一般经济犯罪案件更为复杂。在办理案件中，有一些案件律师是在侦查阶段、审查起诉阶段介入的。通过会见、阅卷、取证，已经形成了完整的辩护思路。那么，在审查起诉阶段，要不要向公诉人阐明辩护的观点和思路呢？有一部分律师比较容易犯的一个错误是对公诉人知无不言、言无不尽，把自己的辩护意见全盘托出。这样做的后果是案件起诉了，公诉人对律师的辩护思路了如指掌，庭审效果可想而知。最重要的是，当事人的合法权益难以通过庭审得到维护。那么，如果不与公诉人做任何沟通呢？这也不妥。审查起诉阶段是刑事案件处理的一道重要程序，不起诉的案件虽然不多，但相对于法院判决无罪的案件比例还是要高一些。

在本案中，辩护人通过向公诉机关递交法律意见书，阐明无罪辩护的观点，最终公诉机关对案件作出不起诉决定。所以，辩护人绝不应该因为怕泄露辩护思路和在法院审理阶段的辩护要点，就放弃在审查起诉阶段为当事人辩护。辩护人认为，法律意见书一定要递交，但内容一定要精心考量。既要切中要害，引起公诉人的充分重视，又要点到为止不能毫无保留。当然，上述只是原则，在实务中还是要根据不同的案件做到具体问题具体分析。如果有与公诉人当面交谈或者电话沟通的机会，辩护人一定要做足功课，因为双方会对案件交换看法，这也是双方的初次交锋。争取在最短的时间内，用最简短的话说服公诉人，这点对于无罪案件是非常关键的。所以辩护人在审查起诉阶段大有可为，对于维护当事人的权益是十分关键的阶段，尽早与承办检察官交换法律意见与办案思路可以最大化地保障犯罪嫌疑人的合法权益。

违法性认识在个案中欠缺犯意沟通的认定
——张某涉嫌串通投标案

案情简介

张某于2016年6月入职某单位筹建办，负责单位医疗设备固定资产管理。卢某系张某直属领导，在单位的医疗设备招投标工作中，其指示张某等人按照投标方提供的参数制作标书，并与参与投标的单位联系。后经公安机关侦查，卢某与投标单位串通，涉嫌多个投标项目的串通投标，张某有参与其中部分招投标的行为。张某涉嫌构成串通投标罪，被移送S市Y区人民检察院审查起诉。

律师策略

《刑事诉讼法》第175条第4款规定："对于二次补充侦查的案件，人民检察院仍然认为证据不足，不符合起诉条件的，应当作出不起诉的决定。"

辩护人认为，认定张某参与串通投标的犯罪事实不清、证据不足。张某不具有违法性认识，且具有免于刑罚的情节，可在审查起

本篇撰稿人：黄梦佳，北京市盈科（深圳）律师事务所合伙人律师；雷皓程，北京市盈科（深圳）律师事务所实习律师。

诉阶段争取检察机关对张某作出不起诉决定，故依法向S市Y区人民检察院提出书面的法律意见，请求对张某作出不起诉的决定。

辩护效果

S市Y区人民检察院采纳了辩护人的法律意见，经二次补充侦查后，对张某作出不起诉的决定。

辩护心得

《刑法》第223条规定的串通投标罪，是指投标者相互串通投标报价，损害招标人或者其他投标人利益，或者投标者与招标者串通投标，损害国家、集体、公民的合法权益，情节严重的行为。

在刑法学界，将这种以“情节严重”作为成立要件的犯罪，称为情节犯。根据《关于公安机关管辖的刑事案件立案追诉标准的规定（二）》第76条的规定，下列情形属于“情节严重”，应予追诉：（1）损害招标人、投标人或者国家、集体、公民的合法利益，造成直接经济损失数额在50万元以上的；（2）违法所得数额在10万元以上的；（3）中标项目金额在200万元以上的；（4）采取威胁、欺骗或者贿赂等非法手段的；（5）虽未达到上述数额标准，但两年内因串通投标，受过行政处罚2次以上，又串通投标的；（6）其他情节严重的情形。本案所涉招投标项目符合上述第（2）、（3）等项，可认定为“情节严重”。

一、本案对辩方的挑战在于共犯理论：如果认定行为人间有共同犯意的联络，成立共犯关系，则会将法益侵害的结果客观地归属于参与人的行为

通俗点说，虽然本案中张某的行为极其轻微，单独来看可能不属于“情节严重”，但如果认定张某与其上司卢某之间成立共犯关系，则在共同犯意的限度内，张某也要为卢某的不法行为担责，这对张某将是非常不利的。本案中，串通投标的行为人系卢某，张某因无串通投标的主观故意和违法性认知，不应为卢某行为承担责任。理由如下：

1. 从犯罪动机上看，张某没有串通投标的主观故意。

本案涉嫌的多个投标活动中，张某只负责其中几个项目，且在这几个项目中仅负责向卢某交代的联系人提供投标书模板，让投标人根据模板进行填报。张某与其他同级别的工作人员所进行的工作均是受卢某的安排，其主观上没有串通投标的故意，也没有收受投标人的任何贿赂、好处，一直将此事当作领导交办的工作处理。

2. 从主观方面上看，张某缺乏相应的违法性认识。

串通投标的行为源于部门负责人卢某，张某仅仅是部门职员，其所有行为均系领导指派与安排。张某的直接领导卢某强调，因为专家论证会后已经确定了所需要的品牌产品，需要张某他们做一些工作，以防其他厂商参与投标，扰乱本单位的计划，所以需要张某等同事提前介入。卢某始终对张某等人强调以这种方式实现专家论证出来的品牌产品能够顺利采购，故张某等人对卢某的这种看法也不持异议，张某本人对于串通招投标的实质背景并不知情，且张某在对法律缺乏认识的情况下，认为进行相关工作是履行职责的行为。

3. 从犯罪方式看，在整个串通投标罪过程中，张某在卢某的指示下只负责其中很小一部分，所起的作用是非常边缘化的，并非具有不可替代性。

因此，这一部分辩护的重点和实质目的在于论述张某与卢某间不成立共犯关系，而张某行为的不法性轻微。辩护人选取从犯罪动机、主观故意和犯罪方式三方面入手，论证由于张某与卢某有明确的上下级的指示关系且没有明显的犯意通谋过程，两者间不成立共犯关系，则张某就不需要为卢某的不法性行为担责。而张某本身在不知情的情况下仅收发邮件和准备模板，其不法性是非常轻微的，免罚也就顺理成章了。这点是本案辩护的关键。

二、基于全面辩护的原则，第二部分的辩护重点在于论证张某的有责性

虽然辩护人认为张某与卢某间不成立共犯关系，因而张某行为显著轻微，可以免罚。基于三阶层的理论体系，在行为人不具行为违法性时，便不需要审查行为人的有责性。但辩护人需要考虑的是，审查起诉的决定权毕竟在承办检察官的手上，如果承办检察官不那么认为呢？因此，辩护人再次从有责性方面进行了论证：

1. 张某是对领导交办的事项进行处理，其所起的作用极为次要，情节轻微，张某通过 QQ 邮件一共发送给投标公司商务部工作人员钟某两次邮件，内容为采购设备，涉案程度不深，即使认定其与上司卢某构成共同犯罪，其应属从犯，依法可以免除处罚。

2. 张某归案后如实供述，系坦白。根据我国《刑法》第 67 条第 3 款的规定，犯罪嫌疑人虽不具有前两款规定的自首情节，但是如实供述自己罪行的，可以从轻处罚。

3. 张某是高学历人才，积极上进，平日一贯表现良好，曾获得多项国家发明专利，此次涉案属于法律意识淡薄，受人蒙蔽。

律师思考

本案辩护中，其实是采取了无罪及罪轻两种辩护策略，即从不存在犯意的沟通，张某缺乏违法性认识，论证张某不构成本罪；以及张某情节轻微，具有法定免除刑罚的情节。当然，无论是无罪还是罪轻，均应当依法作出不起诉的决定。

关于违法性的认知，亦有观点认为，对行为违法性缺乏认知，即辩称自己不懂法、不知法一般不能被接纳为减除不法性的理由。其原因在于，如果认可了不具违法性的认知为消除不法的理由，则所有的犯罪人都会辩称自己不懂法律，社会上也不会再有人主动去了解法律、遵守法律、尊重法律。

比如，辩护人在第二部分中提及当事人获得多项发明专利，系有为青年，类似的辩护一般也不是法定的减罪事由。其原理在于，每个人都要为自己的行为负责，之前的表现良好不能抹去曾经做出违法的事实，因而类似辩护通常来讲很难被认可。

但在个案中，活用类似的辩护仍然有其价值：对行为违法性的认知缺乏佐证了当事人对全案背景不知情，张某与其上级卢某间缺乏意思联络，强化了承办人员对不成立共犯的心证。重点提及当事人的良好表现，则会让检察官产生宽大处理的意愿，成为案件的处理结果得以达到法律效果与社会效果完美统一的契机。

理由不一定是法定的理由，但辩护则可能是有效的辩护。

签订股权转让协议后，非法变更股权、处置公司财产的行为不构成犯罪

——陈某、吴某涉嫌伪造公司印章、盗窃案

案情简介

陈某与吴某均为D公司董事。B公司系C公司的股东公司。2006年6月18日,C公司法人程某与D公司董事吴某签订协议书，将C公司以1460万元人民币的价格转让给D公司。2006年7月，吴某向程某支付100万元定金，吴某以核实证照后再付余款为名，安排人找程某借走C公司的营业执照、税务登记证等证照原件。吴某、陈某协商如何迅速将C公司的股权收购、变更，并找到了杨某予以协助。吴某、陈某伪造了C公司、B公司的印章并伪造了B公司与D公司签订的见证合同书。2006年7月18日至20日期间，吴某、陈某、杨某持相关证照及伪造的印章、见证合同书等材料来到S市联合产权交易所后，由杨某假冒B公司代表，与吴某和陈某一起办理C公司股权转让见证书。2006年8月初，陈某带上股权转让见证书和相关材料及伪造的S市贸业工业局公文

本篇撰稿人：刘晓安，盈科全国刑事委员会副主任、盈科（深圳）管委会副主任、股权高级合伙人律师；袁晓雨，北京市盈科（深圳）律师事务所律师。

（关于外资企业C公司股权变更的批复），到S市工商行政管理局办理了C公司股权变更和修改外资企业注册登记等事项，后杨某根据陈某指示到工商局领取了C公司新的营业执照等材料。C公司自2006年8月4日被变更为陈某名下企业。从2006年6月至2007年1月31日，D公司共给程某支付转让款合计590万元，之后未再支付余款。后陈某、吴某通过种种手段甚至虚假诉讼方式将C公司名下房地产抵押、拍卖、转让。2007年7月，J法院根据民事调解书作出裁定，将C公司名下房地产以1500万元人民币的价格变卖给F公司。2007年8月，原C公司员工在准备给C公司办理年检时发现该公司已被变更，涉及股权变更的《见证合同书》中所使用的C公司和B公司公章均系伪造，遂向侦查机关报案。检察院认为，陈某、吴某以非法占有为目的，与他人签订合同后，仅履行一小部分后便故意不再履行合同剩余的870万元款项，之后使用伪造印章、国家公文、虚假合同等非法手段秘密变更标的公司权限到自己公司名下，之后还将非法占有的公司名下地产予以处置变卖，非法巨额获利，数额特别巨大，其行为涉嫌伪造公司印章罪、盗窃罪。

律师策略

本案跨时数年，涉案公司、人员众多，盘根错节，支线繁杂，有必要结合在案证据对案件事实进行梳理，找出涉案的关键情节。以所涉案件时间轴为序，将现有证据可证实、无争议的主线案件事实进行梳理。

经梳理，可将指控陈某、吴某伪造B公司、C公司公章并使用的伪造公章犯罪事实分为两部分：第一，2006 年 7 月 18 日至 7 月 20 日期间办理股权转让见证部分；第二，2006 年 8 月初办理工商变更登记部分。

指控陈某、吴某变更 C 公司到自己公司名下，之后还将非法占有的公司名下地产予以处置变卖，非法巨额获利的盗窃犯罪事实也可拆分为二：第一，2006 年 7 月至 8 月，使用伪造的公章变更 C 公司权限到陈某和吴某共同担任董事的 D 公司名下部分；第二，2007 年 5 月至 7 月，以 C 公司名下厂房（以下简称“涉案厂房”）为 E 公司与黄某签订的借款合同提供担保，而后将该担保厂房予以处置变卖部分。

一、不构成伪造公章罪

（一）已超过追诉期限

本案于 2007 年 8 月 18 日由公安机关立案侦查。根据《刑法》第 87 条的规定，法定最高刑为不满 5 年有期徒刑的，犯罪经过 5 年不再追诉；除非存在行为人在公安立案侦查后逃避侦查，或者被害人在追诉期限内提出控告，公安未予立案的情形，才不受追诉期限的限制。首先，本案不存在上述不受追诉期限限制的情形；第二，伪造公司印章罪的最高法定刑为 3 年有期徒刑；第三，追诉期限是指行为人没有在法定期间内受到追诉，对行为人的犯罪行为的追诉权因逾期未行使而丧失效力。涉案伪造公司印章的行为至多可认定为是 2006-2007 年期间实施，至今已过去 12 年，2007 年侦查机关立案后也先后对陈某、吴某有过询问，但未将其列为本案的犯罪嫌疑人予以追诉，因此已超出追诉期限。

（二）本案中未查获任何伪造的公司印章（印形），仅有加盖在《见证合同书》等文件中且被相关鉴定意见认定为是伪造的公司印章所盖印的印影

现有证据不足以证实陈某、吴某实施了伪造公章并用于办理股权转让变更见证及工商变更登记的行为。因此，现有证据不足以证实陈某、吴某构成伪造公司印章罪。

起诉意见书指控陈某、吴某伪造B、C公司公章并使用的犯罪事实可分为两部分：第一为办理股权转让见证部分，第二为办理工商变更登记部分，上述两部分犯罪事实均未查清。

1. 办理股权转让见证部分。

现有证据不足以证实陈某、吴某实施了伪造公章并用于办理股权转让见证的行为。

现有证据无法证实、事实不清的部分包括：（1）C公司公章、B公司公章是谁起意伪造、谁去伪造、谁来盖在《见证合同书》上、谁负责保管的；（2）《见证合同书》是由谁起草、出具的；（3）《见证合同书》等股权变更见证材料上的C公司公章、B公司公章是何时盖上去的，是在2006年7月18日前往联合产权交易所申请股权转让见证前就已经盖上去的，还是在联合产权交易所当场盖的；（4）办理股权转让见证是谁指示办理的。

2. 办理工商变更登记部分。

根据从联合产权交易所调取的当时办理股权变更见证的材料，可能使用了涉案伪造印章的材料中除《见证合同书》外，还包括：企业办理股权转让委托书中加盖了C公司、B公司、D公司公章，C公司股东会决议上加盖了B公司、C公司、D公司公章，杨某身

份证复印件、程某身份证复印件、C 公司营业执照、公司章程等 C 公司方面的资料，均是由程某通过唐某交付给吴某，吴某再交给杨某，无论是交给杨某时上面已经盖有虚假公章，还是去联合产权交易所现场时才逐份材料加盖公章，均没有证据证明有经过陈某的手。

（三）不具有刑罚必要性

伪造公司印章罪侵犯的客体是公司正常活动的声誉，同时构成对社会公共秩序的侵犯。在本案中，涉案的虚假公章仅用于办理股权转让见证和工商变更登记，即是将真实存在的股权转让交易予以形式登记的行为，而后在 C 公司为 E 公司与黄某借款合同中提供担保时，所使用的 C 公司公章为 2007 年 5 月 24 日向公安分局重新申请刻制的真实有效印章。因此，本案中刻制、使用虚假公章的行为没有违背 B 公司或 C 公司的真实意思表示，没有给两公司带来任何的经济损失，对两公司的对外商业活动行为不存在任何影响，对市场秩序亦没有任何侵犯。

二、不构成盗窃罪

（一）陈某等人不具有非法占有 C 公司资产的目的

起诉意见书所指控的上述情节可以拆分来看：第一，2006 年 7 月至 8 月，使用伪造的公章变更 C 公司权限到陈某和吴某共同担任董事的 D 公司名下；第二，2007 年 5 月至 7 月，以 C 公司名下厂房，为 E 公司与黄某签订的借款合同提供担保而后将该担保厂房予以处置变卖。

关于第一部分，如前所述，伪造、使用公章的犯罪事实不清，且没有证据证明在工商变更形式登记的过程中陈某等人具有非法占有 C 公司名下资产的故意。基于双方签订的股权转让协议，办理转移手续符合 B、C 公司的真实意思表示，也是双方应当履行的合同义务，D 公司在签订股权转让协议后支付定金人民币 100 万元，而且从 2006 年 6 月至 2007 年 1 月 31 日，D 公司共给程某支付转让款合计 590 万元，可见股权转让协议已实际部分履行。从涉案股权转让交易履行过程来看，是交易对方程某违约在先，可以合理怀疑正是由于被害人的违约行为，导致受让方 D 公司不得已伪造公章，强行促成《协议书》及《承诺书》中约定的股权转让交易完成，D 公司并没有侵犯 B 公司的财产权。

就第二部分而言，现有证据亦无法认定陈某等人实施的以担保、诉讼的方式将涉案厂房予以处置变卖的行为具有非法占有的故意。陈某等人以涉案厂房用于担保的 500 万元借款是真实存在的借款，不是虚构，陈某确实是为了能顺利借款才以 C 公司名下地产作为担保，不是出于非法占有 C 公司资产的目的。涉案厂房变卖所得款项中，小部分是用于偿还陈某个人借款，剩余大部分的款项，现有证据无法证实是否为陈某占有使用，因此，现有证据无法推定陈某具有非法占有涉案厂房变卖款项的故意。

（二）陈某等人的涉案行为不符合秘密窃取的行为特征

盗窃罪中规定的秘密窃取，指的是行为人采取自认为不被财物所有人或保管人当场发觉的方法，违背财物所有人、保管人的意志，利用非暴力的手段取得财物的行为。“秘密”具有主观性、相对性的特点，主观性指的是行为人主观上自认为其行为未被发觉，至于实际是否被发觉并不影响秘密性的成立；相对性指的是行为的秘密性只是相对于财物所有人或保管人而言的，即只要行为人自认为不会被财物所有人或保管人发觉即可，至于是否会被其他第三人或财物所有人、保管人设置的工具发觉不受影响。秘密性还只相对于行为实行的当时而言，至于行为事后是否会被发觉亦不影响秘密性的成立。

1. 使用伪造的 B、C 公司公章完成股权转让见证、工商变更登记的行为，是按照相关股权转让的法定程序公开进行的，并非秘密实施。相对于程某及 B 公司而言，陈某等人可能存在不知道股权在此时发生转移并失去控制，但该行为并不符合盗窃罪的“秘密窃取”的行为特征。

2. 至于处置变卖 C 公司名下财产，更不属于秘密窃取。D 公司持有 C 公司的 100% 股份，陈某担任 C 公司法定代表人。根据《公司法》规定，法定代表人有权对外代表公司进行活动。本案中，陈某以法人的名义将 C 公司名下涉案厂房用于个人借款的担保，该行为未经 C 公司股东会或董事会决议同意，至多属于超出公司意志范围、超越权限对公司资产进行处理的越权代表行为，后续厂房被拍卖用于清偿陈某的个人债务，是将厂房用于担保这一手段行为必然导致的结果。而这一越权代表的行为，明显区别于盗窃罪必备构成要件中应体现的，行为人采取自认为不为财物所有者所发觉的方法、暗中取得财物的秘密窃取行为。

（三）陈某等人的涉案行为属于股权转让纠纷，不构成盗窃罪，亦不构成其他侵财犯罪

能否将上述前后两个行为视为陈某等人整个犯罪行为的不同阶段？即第一部分的行为是手段或方法行为，第二部分是目的行为，从整体上认定陈某等人具有非法占有的故意，因其变

更股权和变卖财产在手段上的不规范、不合法，从而构成犯罪。这样认定的问题在于，陈某的手段虽不合法，但该手段用于实现的目的是合法的，相关股权转让交易真实存在，因此应排除陈某等人的非法占有故意。如前所述，双方之前签订的股权转让协议是真实的，D公司在签订股权转让协议后不仅支付了定金，而且从2006年6月至2007年1月31日，D公司给付了一部分转让款。即使有证据证实陈某等人伪造印章并使用伪造印章转移股权的行为，也只能证实其实现合同目的的手段不合法，因其合同目的合法，陈某等人的行为仅属于股权转让合同履行中的民事纠纷。

如果B公司及C公司原法人程某意欲不履行合同义务，单方解除或撤销股权转让协议或者要求D公司继续履行支付剩余股权转让款，完全可以通过民事程序来化解纷争。司法机关在民事双方可以通过民事诉讼程序让义务方履行义务，权利方能实际挽回损失，受损社会关系和法益能够得到及时修补的情况下，应秉持刑法的谦抑性，确保案件刑民界限清晰。

辩护效果

本案经两次退回公安机关补充侦查，S市检察院最终对陈某、吴某作出不予起诉的决定。

辩护心得

本案是一起极容易陷入有罪推定的案件。之所以如此，是因为本案存在诸多时间上的“巧合”。比如，2006年7月18日，唐某领走了C公司的证照并转交给吴某；2006年7月20日，吴某、陈某便到S市联合产权交易所办理了股权转让见证。又比如，2007年5月24日，C公司申请重新刻制公司印章，2007年5月27日，C公司便成了陈某向黄某借款500万元的担保。约定的15日借款期限刚满，黄某便向法院起诉要求还款，起诉后不过半月法院便开庭审理，审理过程中双方达成调解。再过半月，法院便裁定将C公司名下厂房拍卖给F公司。

一环扣一环，用巧合推理，很容易让人跳入起诉意见书所设定的这个犯罪故事：陈某先是通过“伪造公章”把公司转移到自己名下，而后又通过“虚假诉讼”把公司资产变现，逐步实现侵占被害公司资产的非法目的。

而通过在案证据，我们发现也许是另一个故事：吴某与程某达成股权转让变更的协议，D公司按协议约定支付首期款后，可能是程某因C公司名下房产增值等市场原因反悔不想转让，吴某、陈某在发觉或知晓程某不打算履行股权转让情形下，为了促使股权转让交易完成，不得已实施了伪造公章的行为。而后，该公司变更至陈某名下。陈某因对外欠下债务，向他人借款并以该公司名下厂房作为担保，顺利借得款项。而后因无法清偿，经过诉讼，该厂房被处置拍卖。

律师思考

关于“秘密窃取”的思考。传统刑法理论对盗窃罪都要求以“秘密”为条件，例如陈兴良教授认为，盗窃中的“窃”本身就有秘密的意思，秘密取得也是盗窃罪区别于其他财产犯罪的主要特征。[①]但也有观点认为，公然实施的也可构成盗窃。例如，根据张明楷教授的观点，盗窃是指以非法占有为目的，违反被害人的意志，采取平和的手段，将他人占有的财物转移为自己或者第三者占有，盗窃行为既可以具有秘密性，也可以具有公开性。也就是认为只要是以平和而非暴力的手段，违反占有人的意思而取得财物，就是盗窃罪中的窃取。其认为，关于盗窃罪的秘密窃取的通说让人难以理解：通说一方面认为，客观的盗窃行为既可以是公开的，也可以是秘密的，另一方面又要求行为人必须以“自认为不使他人发觉的方法占有他人财物”；换言之，即使行为在客观上表现为公开盗窃时，行为人主观上也必须认识到秘密窃取。这便不可思议了！既然客观上可以表现为公开盗窃，那么，主观上就可以表现为认识到自己是在公开盗窃。如果认为客观上公开盗窃时，主观上也必须认识到秘密窃取，那便意味着，一方面，行为人不必认识到客观构成事实（不必认识到公开盗窃），另一方面，行为人必须认识到客观构成事实之外的内容（必须认识到秘密窃取）。于是，出现了两个问题：其一，对客观构成事实没有认识，不可能成立既遂的故意犯，但通说却认为成立盗窃既遂，这是不能自圆其说的；其二，“自认为不使他人发觉的方法占有他人财物”成为主观的超过要素，即在行为人自认为自己在秘密窃取他人财物时，不要求客观上存在与之相应的秘密窃取事实。[②]

---

① 参见陈兴良：“许霆案案例分析之我见”，载《人民法院报》2008年4月1日第5版。

② 参见张明楷：“盗窃与抢夺的界限”，载《法学家》2006年第3期。

如果按上述张明楷教授对盗窃罪的界定，本案中陈某第二阶段的行为似乎就符合盗窃罪客观要件，其以违背公司意志的平和手段将公司财物转移占有。张明楷教授还认为，利用职务的窃取、骗取行为应当排除在职务侵占罪之外，直接以盗窃罪、诈骗罪论处。[①] 当然，这一行为至多是损害了C公司的利益，已经与D公司无关。但辩护人考虑到的是：张明楷教授的上述关于盗窃罪界定的观点是在其研究盗窃与抢夺的界限中提出的，其认为以秘密还是公开来界定盗窃与抢夺存在矛盾之处，应当以行为是否具备对人身的危险性来区别，也就是说，“公然”不应成为盗窃与抢夺的区分标准，而这是否必然意味着“公然”是盗窃罪的客观要件，值得商榷。

① 参见张明楷：“贪污贿赂罪的司法与立法发展方向”，载《政法论坛》2017年第1期。

仅出售“犯罪工具”不构罪

——李某涉嫌窃取、收买、非法提供信用卡信息案

案情简介

李某通过QQ认识了一个出售“刷卡器”（可以读取、复制信用卡信息的工具）的卖家陈某。后李某在QQ群上发现有人想要购买“刷卡器”，于是介绍给卖家。之后卖家和买家进行了交易，在交易成功后，卖家给了陈某200元的介绍费。李某前后通过出售“刷卡器”共获利1000元。后某派出所以李某涉嫌窃取、收买、非法提供信用卡信息罪将其刑事拘留，进而李某被某检察院批准逮捕。

律师策略

辩护人认为，认定李某构成窃取、收买、非法提供信用卡信息罪的犯罪事实不清、证据不足，公安机关提供的证据链存在严重的瑕疵，其行为达不到窃取、买卖、非法提供信用卡信息罪的立案标准，故依法向某区人民检察院提出书面的法律意见，请求对李某作出不起诉的决定。

本篇撰稿人：苏珊，北京市盈科（深圳）律师事务所合伙人律师。

辩护效果

某区人民检察院经两次退回补充侦查后，采纳了辩护人的意见，对李某作出不起诉的决定。

辩护心得

《刑法》第 177 条之一规定："有下列情形之一，妨害信用卡管理的，处三年以下有期徒刑或者拘役，并处或者单处一万元以上十万元以下罚金；数量巨大或者有其他严重情节的，处三年以上十年以下有期徒刑，并处二万元以上二十万元以下罚金。窃取、收买或者非法提供他人信用卡信息资料的，依照前款规定处罚。"

最高人民法院、最高人民检察院《关于办理妨害信用卡管理刑事案件具体应用法律若干问题的解释》第 3 条规定："窃取、收买、非法提供他人信用卡信息资料，足以伪造可进行交易的信用卡，或者足以使他人以信用卡持卡人名义进行交易，涉及信用卡一张以上不满五张的，依照刑法第一百七十七条之一第二款的规定，以窃取、收买、非法提供信用卡信息罪定罪处罚；涉及信用卡五张以上的，应当认定为刑法第一百七十七条之一第一款规定的'数量巨大'。"即窃取、收买或者非法提供他人信用卡信息资料，足以伪造可进行交易的信用卡，或者足以使他人以信用卡持卡人名义进行交易，涉及信用卡 1 张以上的，根据最高人民检察院、公安部《关于公安机关管辖的刑事案件立案追诉标准的规定（二）》应予立案追诉。

李某与购买者是否构成共犯？如果李某未与购买者达成窃取信用卡信息的合意，那么就不能以共犯论；窃取信用卡信息罪并非行为犯，而是结果犯，只有当行为人实际窃得了有效信用卡信息资料的，才构成犯罪既遂。如果购买者未实施窃取信用卡的行为，那么李某不构成犯罪；如果购买者窃取的信用卡信息未达到足以伪造可进行交易的信用卡，或者足以使他人以信用卡持卡人名义进行交易的程度，李某同样达不到窃取信用卡信息罪的立案标准。

一、本案中李某与购买者是否构成共犯

《刑法》第 25 条规定，共同犯罪是指二人以上共同故意犯罪。本案中，李某介绍购买“刷卡器”的行为是否构成帮助犯呢？一般来讲，帮助犯是指在共同犯罪中，相对于实行犯而言，指在他人产生犯罪决意之后，以心理支持、物质帮助等方式故意帮助他人实施犯罪或为他人实施犯罪创造便利条件，而自己不直接实行犯罪。从主观方面看，李某的主观意愿是通过介绍购买“刷卡器”获得相应的收益，并非窃取信用卡信息。而购买者购买“刷卡器”的目的一般为通过购买的“刷卡器”获取他人关于发卡行代码、持卡人账户、密码等内容的加密电子数据的信用卡信息资料。双方并未对获取他人信用卡信息资料达成合意，辩护人认为，李某和购买者之间不构成共犯。

二、即使李某与购买者构成共犯，李某的行为依然不符合本罪的犯罪构成要件

1. 从李某的行为上看，通过居间介绍出售方和购买者达成交易，从中获取一定的费用，其本身没有参与交易的过程。交易完成后，李某没有和购买者实施窃取信用卡信息资料的行为，也不在意购买人的购买目的，更不清楚是否实施了上述犯罪的行为。

2. 本罪的犯罪结果上未达到最高人民法院、最高人民检察院《关于办理妨害信用卡管理刑事案件具体应用法律若干问题的解释》第 3 条规定的立案标准，即行为足以伪造可进行交易的信用卡，或者足以使他人以信用卡持卡人名义进行交易，涉及信用卡 1 张以上。本案中，公安机关没有证据证明李某或者购买人利用购买的工具实施了犯罪行为，并且窃取了一张以上足以伪造可进行交易的信用卡，或者足以使他人以信用卡持卡人名义进行交易的信用卡资料。

三、公安机关无法提供完整的证据链证明李某构成窃取信用卡信息罪

1. 公安机关未提取到涉案的“刷卡器”，更未提供有资质的第三方鉴定机构鉴定“刷卡器”有窃取信用卡信息的功能。那么怎么证明涉案的“刷卡器”本身具有窃取信用卡信息的功能？即便具有窃取信用卡的功能，又怎么证明所窃取的信息足以伪造可交易的信用卡或者足以使他人以信用卡持有人名义进行交易呢？整个案件仅有嫌疑人的供述，根据《刑事诉讼法》第 53 条的规定，对一切案件的判处都要重证据，重调查研究，不轻信口供。只有被告人供述，没有其他证据的，不能认定被告人有罪和处以刑罚。

2. 根据嫌疑人陈某的口供——“卖给了李某介绍的一名客户一台刷卡器”，也能印证嫌疑人李某仅为介绍人。另外，公安机关没有证据证明购买人购买“刷卡器”是用于犯罪行为；也没有证据证明购买者已经实施了窃取、收买或者非法提供他人信用卡信息资料的行为；更没有证据证明窃取的信用卡资料的数量以及信息是否达到了本案标准。

律师思考

本案辩护中，辩护人采用的是无罪辩护策略，即从李某的主观目的和购买者不同、双方不存在犯罪合意两个方面，论证李某购买者与不构成本罪共犯；进而，通过论述本罪的犯罪构成要件、证据瑕疵，印证李某不构成此罪。

有效辩护之不轻言放弃
——张某涉嫌非法控制计算机信息系统案

案情简介

2015年，某公司研发只保留广告功能的SDK，即广告SDK，该公司向手机方案商、中间商、厂商推广广告SDK业务（以下简称手机商），由公司北京团队提供广告SDK工具包，手机商将广告SDK工具包预装到智能手机系统中，并使广告SDK获取系统权限，北京团队则根据存活率按安装台数或以广告费收入分成的方式向手机商支付费用。装有广告SDK的手机在用户首次开机联网时，广告SDK即通过互联网与后台服务器连接，在用户不知情的情况下向后台服务器上传IMEI、IMSI等用户信息、自动更新广告SDK版本等，并根据与手机商达成的运营方案，通过服务端对推送方式、内容及频率进行配置，向用户推送商业电子信息，从而产生广告费收入。张某2014年入职该公司，2016年担任商务主管并开始推广广告SDK。2017年9月28日，张某被警方以非法控制计算机信息系统罪刑事拘留，同案人员数十人。

本篇撰稿人：刘威，北京市盈科（深圳）律师事务所专职律师；王华永，北京市盈科（深圳）律师事务所专职律师。

律师策略

了解到张某作为公司入职多年的老员工，职务为主管，明知SDK可以未经用户许可弹广告和自动更新，且本案案值大、人员多，辩护人认为符合入罪和逮捕的条件，向公安机关申请取保候审和向检察院申请不予批捕被获准的可能性非常小，于是将重心和目标放在羁押必要性审查和庭审争取缓刑上。律师应先尝试性申请取保和不予批捕，在呈捕阶段预约面见承办检察官，为下一阶段申请羁押必要性审查作铺垫。

辩护效果

成功通过羁押必要性审查，张某被取保候审，后被判处缓刑。

辩护心得

接受家属委托后，辩护人立即着手办理会见。2017年10月19日，经过第一次会见，辩护人了解到当事人已签延长羁押期限文书，如实供述，在经公安审讯后，情绪特别不稳定。在会见后，辩护人向办案机关了解情况，向公安机关申请取保候审被拒，随后案件于2017年10月28日呈请检察院批捕。

2017年11月1日，辩护人向检察院提交不予批捕法律意见并面见检察官，了解到因案值大、人员众多，符合批捕条件的会先行批捕。辩护人当面提出，计算机网络犯罪案件，一般重点打击的是计算机系统维护人员或精通编程的程序员以及公司和业务的实际控制人和获利者，对一般的销售人员和主管并不从重、从严打击。2017 年 11 月 4 日，检察院作出对张某批准逮捕的决定。

2017 年 12 月 4 日，辩护人向检察院申请羁押必要性审查，公安机关对部分普通销售人员变更强制措施，但未对主管地位的张某变更强制措施。辩护人再次向检察院建议进行羁押必要性审查。检察院向公安机关提出对张某释放或者变更强制措施的建议。2017 年 12 月 21 日，张某被取保候审。

不轻言放弃，刑辩律师要自己为自己打气，哪怕一而再再而三的失败，也得有屡败屡战的勇气。不轻言放弃，方能有效辩护。辩护人在向办案机关递交委托手续和了解情况时，敏锐发现侦查人员认为主管在公司的地位和工资薪酬都较高，不仅会对主管级别人员不予取保候审，甚至会在提请批准逮捕和起诉意见书阶段把这一理念贯彻在文书中，向检察院提交或者移送。于是，辩护人果断面见检察官，直言直接实施计算机犯罪的应是程序开发和维护人员，销售总监或者主管均未直接提供帮助或者实施犯罪，在审查时应予以区分。

不轻言放弃的精神最终改变了承办检察官对案件的看法。

律师思考

在中国大地循序渐进的司法改革已经到了改变和树立理念的新阶段，以羁押为原则、以取保为例外的刑事政策正在悄然改变，这一改变，让更多人在个案中感受到公平正义。努力让人民群众在每一个司法案件中都感受到公平正义，正在慢慢实现。

不惧艰难无罪辩　深下功夫终不诉

——詹某涉嫌组织、领导、参加黑社会性质组织案

案情简介

詹某历任S市L区X村治保主任、X村股份合作公司董事、X股份公司子公司X物业公司负责人、X社区工作站副站长、X社区党委副书记。2018年11月16日，S市L区侦查机关以詹某涉嫌组织、领导、参加黑社会性质组织罪、敲诈勒索罪、寻衅滋事罪为由对其刑事拘留并羁押于L区看守所，后公告称在X社区打掉了一个以杨某、詹某、何某为首的涉恶团伙，并发布通告向公众征集该犯罪团伙关于锁车罚款、收取保护费、插手物业纠纷或经济纠纷、干涉基层选举、垄断行业、欺行霸市、故意伤害、寻衅滋事等违法犯罪线索。同年12月13日，经L区人民检察院批准，侦查机关以詹某涉嫌组织、领导、参加黑社会性质组织罪、敲诈勒索罪、寻衅滋事罪对其执行逮捕。

2019年2月13日，侦查机关向L区检察院移送审查起诉，起诉意见书认为：犯罪团伙以詹某等本地人员为主，以X物业公司的领导、管车组组长和组员为主要成员，以股份合作公司和物

本篇撰稿人：吴剀，北京市盈科（深圳）律师事务所专职律师。

业公司为组织载体。划地为界，通过冲击公安机关派出所扬名立威、以治理违停为借口对群众实施威胁恐吓、借机敛财、毁坏财物、寻衅滋事、故意伤害、敲诈勒索，并通过开设赌场、敲诈勒索等非法方式四处敛财，又通过干扰基层选举巩固势力。横行霸道是本性，简单粗暴是特点，胡搅蛮缠是手段，群众在X村被欺辱，若对抗则面临上述人的威胁，想要寻求政府帮助，X村基层组织权利又被上述人员掌握，因此投诉无门，生命财产安全得不到保障，X村俨然法外之地。因此，该犯罪集团符合黑社会性质组织的组织特征、经济特征、行为特征和社会危害性特征。检察院在同年3月6日第一次退回补充侦查，4月4日侦查机关补查重报；5月14日第二次退回补充侦查,5月21日侦查机关补查重报，同时延长审查起诉期限3次。

律师策略

1. 捕后委托。最初见面沟通时詹某已被逮捕。听了詹某配偶L女士的描述，发现其对案件实际并不了解，自身存在大量疑惑，其对侦查机关的做法不予认同，希望詹某能够早日解困。但从现有情况看，这显然是一起涉黑、涉恶、涉众的重大案件。政策上，2018年是全国为期3年的扫黑除恶的首年，声势之浩大从遍布大街小巷的宣传便知。刑期上，涉嫌三罪并无自首等从轻情节，即便组织、领导黑社会性质组织罪一罪成立也是10年起刑。进程上，逮捕意味着侦查机关认为部分事实已基本查清并经检察机关核查批准。地位和作用上，侦查机关认为詹某在共同犯罪中属组织、领导者。审判实践上，本次扫黑除恶专项行动中的组织、领导者作无罪辩护几乎没有成功先例。本着严谨负责的态度，辩护人基于现有信息对案件进行了客观的初步判断，情况确实不容乐观。同时，辩护人告知家属现在判断是无罪辩护还是罪轻辩护为时尚早，最终还需与詹某当面沟通才能作出初步的辩护方向，阅卷后才能确定较为准确的辩护方案。经过长达 3 小时的沟通，家属解除原委托后另行委托本律师。

2. 首次会见。辩护人以涉嫌的罪名、涉案人员和时间作为经纬度进行多次询问、复述与确认，整个案情和要件事实才逐渐浮现。锁车罚款制度属于 X 股份合作公司和 X 物业公司的一项管理制度。X 村因盐田关撤关等因素，大货柜车大量不规范地停放在 X 村，至 2014 年，小汽车乱停放情况严重，让本身道路狭窄的 X 村比较突出地产生了交通安全和人身危险的隐患。锁车罚款制度经 X 股份合作公司集体讨论决策通过实施。该会议由全体董事和三个自然村村长参加。锁车罚款制度的内容明确具体，可概括为前置警告（治安员发现违停车辆，能联系上车主即联系其挪车）、锁车贴单（治安员不能联系到违停车主的，贴单锁车）、缴纳罚款（违停车主根据告知单所载电话联系治安员，治安员告知其到物业公司缴纳罚款）和开锁放行（违停车主持物业公司开具的发票要求治安员开锁）四个环节。但部分治安员执行中出现重大偏差：一是见到违停直接锁车贴单，二是诱导车主向其直接缴纳罚款从而将钱款据为己有，三是威胁不配合交钱的车主，四是罚款额度或超出 200 元。另外，集资建房、干扰选举、欺行霸市、敲诈勒索等确有线索，但与詹某无关。

3. 走访现场。案件事实出现重大差异，辩护人通过实地查看

X村，发现道路逼仄、三小场所较多、大货车进进出出、车辆停放不规范。詹某家属说："自从抓了人，物业也不敢管乱停放的车辆了。"

4. 指导收集证据。由于詹某被采取刑事强制措施，无法直接参与证据收集，经分析，应从与案件直接关联的物业公司和治安员入手，因为侦查机关重点收集了X股份合作公司的材料而对X物业公司的材料几乎没有收集。由于案件涉黑重大，相关人员具有相当的警惕性，于是辩护人主要从以下三个方面指导L女士收集有利于詹某的证据材料：一是查找詹某在任期间的会议记录以查明对停车收费制度的实施情况及问题处理记录；二是查询詹某是否有对违反停车罚款制度的治安员进行处罚；三是询问知情人员证明詹某并未直接参与锁车罚款。后物业公司向L女士提供了部分材料，且得到线索称物业公司雇员曾因私下收费等违规行为被詹某辞退。这无疑都是有利证据。同时，对于部分无法收集的证据，辩护人向检察机关递交了调查取证申请。

5. 案件僵局。本案是以违法停车收费而引起的敲诈勒索、故意伤害、寻衅滋事为基础，延伸出X村部分人员涉嫌干扰基层选举、聚众冲击W派出所等一系列违法犯罪问题。而詹某正是负责停车收费的物业公司的负责人，并曾任X村治保主任等职务，想要洗脱嫌疑并不容易。尽管辩护人提出了解除逮捕强制措施等申请，但均未成功。期间辩护人与詹某及其家属保持沟通，后者给予了律师充分信任。

6. 阅卷分析及提出法律意见。本案材料概括地呈现出四个涉嫌犯罪线条，各线条有其相对独立的特征：一是锁车罚款治违停制度执行中涉嫌敲诈勒索、寻衅滋事；二是以何某为首的势力集团；三是杨某涉嫌利用职务便利大量开展盈利活动；四是其他尚未查明事项，如杨某主导X村统建楼、干扰选举等。民事重法律关系，刑事重行为。同时，辩护人重点对锁车罚款治违停制度下詹某的行为进行了法律分析：一是提议行为，詹某的提议行为属正常履职而非犯罪行为；二是决议行为，X股份合作公司董事会成员全票通过锁车罚款治违停决议的行为不是犯罪行为；三是决议执行第一阶段（锁车组主导），存在违背制度的执行行为；四是执行第二阶段（治安队主导），制度被严重破坏并失控；五是执行第三阶段（改制后），改制后锁车罚款制度行为延续，与詹某无关，此时詹某已调离。因此，詹某涉嫌罪名事实不清、证据严重不足，理由有二：一是证据所能证明的寻衅滋事行为与詹某缺乏关联性；二是证据所能证明的涉嫌敲诈勒索行为与詹某缺乏关联性。同时，辩护人还对侦查机关关于黑社会性质组织的特征的论述进行了反驳。根据《刑事诉讼法》第177条的规定，詹某没有犯罪事实，建议检察机关对其作出不起诉决定。

7. 提交羁押必要性审查。辩护人在数次提交法律意见并沟通后仍无法达到目的，内心判断此类重大案件并非承办检察官一人能够完全决定的，而是要上报检委会，甚至要上报上级检察院。而在没有最终对案件走向明确前，对个别犯罪嫌疑人通常不会单独下结论，更何况是组织、领导者。对此类案件，一延再延、一退再退而没有移送法院便是好事。于是，辩护人提交了羁押必要性审查。羁押必要性审查是指人民检察院依据《刑事诉讼法》第

93 条规定，对被逮捕的犯罪嫌疑人、被告人有无继续羁押的必要性进行审查，对不需要继续羁押的，建议办案机关予以释放或者变更强制措施的监督活动。辩护人请求对詹某进行羁押必要性立案审查并向办案机关提出释放或者变更强制措施的建议，理由如下：一是詹某没有犯罪事实，对詹某提出公诉的证据不足，不符合起诉条件。就涉嫌组织、领导、参加黑社会性质组织一罪，詹某所有行为均为管理 X 物业公司期间的职务行为，杨某等人擅自以威胁、欺骗等手段而进行的锁车罚款行为，詹某没有参与、组织、指挥与允许。詹某虽和杨某等人是领导与被领导关系，但后者的行为与前者是断层的。此工作上的上下级领导关系与黑社会性质组织的上下级领导关系在本案中极易牵连但又根本不同。锁车罚款全国都有发生，其本身是违法行为而不是犯罪行为。法院也有诸多民事判例，判决由此产生的民事责任应由物业公司承担。部分犯罪嫌疑人借自己的职位和锁车罚款的制度，而采取了威胁、欺骗甚至暴力手段等超越锁车罚款制度本身的行为而产生的刑事责任，应由行为人承担。就涉嫌敲诈勒索与寻衅滋事一罪，本案该等行为与詹某缺乏关联性。詹某既没有实行行为，也缺乏共同犯罪的故意。本案指控詹某犯罪的证据明显不足，既没有直接证据，也无法形成证据闭环，众多合理怀疑无法合理排除，远达不到起诉条件。二是詹某无犯罪故意，主观上无恶性，到案后积极配合、态度良好。辩护人认为，詹某不具有继续羁押的必要性，应当对其变更强制措施乃至释放，故申请对詹某的羁押必要性进行审查。

辩护效果

检察官采纳了辩护人的意见，对詹某先取保候审，之后不久便决定不起诉。

辩护心得

第一是心态正，不承诺、不敷衍、有温度。刑辩律师具有多重身份具有多重思维，在不同身份交织和转换时要摆正身份、严守底线。作为辩护人，核心工作就是提出无罪、罪轻等有利于犯罪嫌疑人（被告人）的意见。作为受托人，要有同理心，身陷囹圄的人看待律师就是救命稻草，因为整个程序中只有辩护人基于事实和法律为他辩护。作为刑事诉讼参加人之一，是否移送审查起诉、是否起诉、采取何种强制措施、是否作出有罪判决、如何量刑均不是辩护人直接决定的，辩护人是控辩审三角色中唯一没有公权力的，因此应当客观地看待自己的作用。正因辩护人的特殊地位，其既不能违反事实和执业规范给予当事人不恰当的期许，也不能孑然于外地简单走流程。辩护人既不能在顺利时过高估计自己，也不能在遇到阻力时自陷哀怨，而是要根据具体案情，按照律师工作规范尽力争取。本案中，辩护人应从对案件的严重性质上引导嫌疑人面对现实、从刑事案件进程上给予其安抚、从对案情的分析上传递坚持无罪的信心，从对家属家事的转告上减轻其挂念担心。在此过程中，詹某向检察机关认了两个轻罪，但始终未认重罪。詹某为何在多次告知辩护人均不认罪的情况下认了部分罪？辩护人想，其在被羁押的高度紧张状态下，心态很容易紊乱，面对义正词严的讯问，很容易为了获得一个从轻情节而认罪。为什么詹某对重罪不认？辩护人想，正是以上沟通起到了作用。

第二是辩护前置、策略得当。刑事诉讼侦查、审查起诉和审判三个阶段，就像一辆马车向前奔跑，一旦形成惯性，便难以改变。而全案的证据基本是在侦查阶段收集完成、审查起诉阶段主要是根据证据审查罪名是否得当、是否符合起诉条件，而审判阶段是对现有证据和起诉意见进行居中裁判。因此，一切等到审判阶段，就会错失太多机会，辩护重心前移则可从源头上为有效辩护打下基础。显然，如果一项非法证据在庭前已被排除，就不会出现在法庭，如果庭前说服检察官变重罪名为轻罪名，则已成功了一半，如果庭前能够与法官良好沟通，那么律师的辩护意见将更好地收到效果。而策略上，如果律师认为是无罪，一方面，应当审慎核查相关证据是否足以支撑，另一方面，如过程中没有出现重大反向情况，则应坚定辩护方向。无罪辩护最有利于犯罪嫌疑人（被告人），却也面临最大可能不被采纳的风险，因为现实中判处无罪率极低。一旦无罪辩护不利，则会一定程度上削弱罪轻辩护中的辩点效果。但一切讲证据、讲事实，随着工作的深入，初期无罪辩护的思路雏形得以丰满，辩护人最终形成了以不符合黑社会性质组织特征、相关行为缺乏关联性等作为核心辩点的无罪辩护思路。明确而具体的辩点通过说理与证据呈现，就必定会给承办检察官鲜明的信号。几乎用尽期限延长的事实，也证明检察官对待本案的慎重与对核心问题的不断推演。检察官左手持侦查机关的起诉意见书，右手持辩护人的无罪辩护意见书，对是否达到起诉条件等核心问题，检察官不得不给出答案。同为法律人，侦查机关、检察官和律师作为不同的角色，以相同的标准衡量同一件事情，这次同一个检察官作出了不起诉决定。

律师思考

无论是公检法机关还是律师，办案最终还是要落在案件证据和法律适用上。事后证据证明的事实是法律事实而不是客观事实，为减少和避免冤假错案，关乎当事人生命、自由与财产的刑事诉讼要求定罪的事实所依据的证据必须达到确实、充分并排除合理怀疑的高度。但现实极其复杂，不同主体对同一证据的真实性、合法性和关联性的判断，很可能是不同的，对全案证据能否定罪、量刑几何也常持不同意见。同时，刑事法律法规对某一行为的规定可能是概括的、原则性的，公检法机关、律师、学者可能有不同的见解。一个案件，侦查机关辛苦侦查、固定证据、形成初步意见，专司批捕、公诉和法律监督的检察机关经过审查移送法院，经庭前会议、举证、质证、查明等审判流程，最终还是会有不同意见。这一定程度造就了判决结果的不稳定性，但同时也是辩护人的代理空间。在对抗式的庭审中，力量此消彼长，辩护人如果不能挑出公诉人证据链条的问题，又不能对案件提出不同于公诉人的思路，法官大概率就会采纳公诉人提出的罪名和量刑建议。本案中，案卷多达 3000 多页，多个犯罪嫌疑人涉嫌多个罪名，于是在精细化阅卷的基础上，辩护人对整个案件复盘并详细论述詹某是否构成犯罪，提出不符合起诉条件的观点，建议依法作出不起诉决定并被采纳。

深耕耘，细致做，两罪终获不起诉
——徐某涉嫌环境污染、诈骗案

案情简介

2018 年，Z 公司工作人员组织相关人员在异地实施非法倾倒污泥时被环保部门查获，此次倾倒污水数量为 3000 吨，经 G 省环境科学研究院鉴定，此次倾倒物为含有重金属的污染物，属于有毒物质，污染环境事件造成的生态环境损害费用高达 437 万元人民币，该工作人员供认先后从该公司处理不合格污泥约 12000 吨。根据公司负责人的批示及同意，受公司安排，Z 公司出纳徐某通过 Z 公司旗下非上市子公司 G 市某服装店的对公银行账号以现金支票、银行转账等方式在 2016–2017 年期间向李某支付了共计 830 万元人民币作为污泥倾倒处置费，其中徐某自己持现金支票提取现金 34 万元交付给李某，李某等三人分别持现金支票到银行直接支取了污泥处置费现金 40 万元、31 万元、130 万元，其余款项由李某个人银行账号接受转账。

2016 年以来，Z 公司与几个污水厂负责人合谋，通过 Z 公司提供虚假的污泥处置数据，包括造假的过磅单、GIS 固废系统虚

本篇撰稿人：丁黎，北京市盈科（深圳）律师事务所合伙人律师。

假数据，由上述污水厂向政府部门骗领国家环保补贴，待补贴发放后双方再按一定比例分成获利。徐某系Z公司出纳，负责查收各污水厂骗领的污泥处理费，同时根据公司会计制作的假账目负责走账，按照五金材料费、配件名转账污泥处理费给涉案污水厂指定的第三方公司。

律师策略

辩护人通过阅卷、会见徐某，发现：（1）徐某为公司出纳，但文化水平很低，不会用财务办公软件、U盾；（2）徐某为公司负责人的妹妹。

基于上述发现，辩护人拟定如下辩护策略：首先，从诈骗罪的构成条件入手，论证徐某不具有非法占有的主观故意；其次，从环境污染罪的证据入手；再次，从徐某本人的个人情况入手，论证以其文化水平及认知度不可能在这两个犯罪行为里起实际作用。

辩护效果

公诉机关对徐某作出不起诉决定。

辩护心得

一、徐某是否构成诈骗罪的问题

1. 徐某不具有诈骗罪的以非法占有为目的的主观故意，四家污水处理厂在多年前就开始申请环保补贴，当时的目的是为了应付环保部门的检查，且其早在2013年之前就一直采用虚报污泥处理量的方式经营。

（1）申报环保补贴的四家污水处理厂增加污泥过磅数量，虚增处置的污泥数，此行为早在多年前就已经开始，污水处理行业有相关标准，即要求日常产生的污泥量大概占所处理的污水量万分之五，但因为四家污水处理厂日常并不能达到上述标准，为了应付环保部门的检查，从早期就开始虚报污泥量，并且一直这样操作，只是从2013年开始改由政府负责支出污泥处理费了。其中两个污水处理厂的负责人先去找Z公司，要求协助虚报污泥量。

（2）诈骗罪的主观方面只能是直接故意，并且具有非法占有公私财物的目的，间接故意和过失均不能构成诈骗罪。而本案的直接故意是应付环保部门检查而虚报，带来的客观结果是引起补贴增加。认定是否具有非法占有的主观故意，应当遵循主客观相一致的原则，既要避免仅仅凭借损失结果客观归罪，也不能单纯依据被告人供述主观臆断。

（3）四家污水处理厂由几个私人企业承包经营，各家均被欠承包经费，环保补贴申请下来后，为了公司生产经营，用环保补贴填补了承包经费。

（4）Z公司在此过程中，所得的补贴绝大多数被四家污水处理厂拖欠，哪怕是实际处理污泥的补贴也被长期拖欠，直至案发时并无退还。

2. 涉案金额数据来源不合法，诈骗金额不明确。

（1）本案中的诈骗金额是采用相关的报表金额，其中，某工作人员指认的四家污水厂虚报污泥处置量的报表记录、原始地磅数据并没在本案中出现。

（2）根据《公安机关办理刑事案件电子数据取证规则》的相

关规定，现场提取电子数据，应当制作《电子数据现场提取笔录》《电子数据提取固定清单》、扣押清单及侦查人员、提供人、见证人签名确认，但在此案中并未见到如此材料，无法得知相关数据提取的真实性、合法性及关联性。

3.《司法鉴定意见书》明确说明鉴定材料不具有关联性。

Z公司的污泥处理明细记录未附有污泥处置的相关原始单据及工作人员签字。该意见书已明确说明鉴定材料不具有关联性：污泥处置表实际来源于哪里、经过本案哪些人确认过、电子数据是否经过合法程序提取而来等问题均未得到确认，故该鉴定材料不能作为本案定案依据。

二、徐某是否构成环境污染罪的问题

根据《刑法》规定，构成污染环境罪，排放、倾倒或者处置的须为“放射性废物、含传染病病原体的废物、有毒物质或者其他有害物质”。Z公司倾倒的泥土是否属于“有毒物质或有害物质”成为是否成立污染环境罪的定罪关键。但截至日前，辩护人仍未看到任何有关部门关于Z公司倾倒污泥定性的结论性意见。

三、徐某在本案中的作用问题

1. 徐某是辅助财务会计工作的出纳。

徐某在本案中是个出纳，实际工作内容仅为外勤，因为文化及财务知识的缺乏，徐某做的是最简单的收转款项的工作，所有的款项收支都是经过财务、公司负责人审批的，徐某根据负责人审批的单据和财务会计做好的账目去银行转款、收款，取回银行的单据交财务会计入账。

2. 徐某对公司的整体情况缺乏认知，不清楚公司整体运营过程，仅是起外围辅助作用的工作人员，对公司整体运营起不到作用。

律师思考

获悉徐某被不起诉后，辩护人既感到意外，又感到预料之中。徐某所在的公司是个家族企业，其在公司里做出纳工作，没有较多的财务知识，每天的工作就是去银行转账、付款、取回单，她对转账付款之外的公司经营情况几乎没有概念。另外，本案案卷相当多，辩护人一本一本梳理案卷，整理阅卷笔录，找到相当多的辩点，最终当事人终于被其丈夫接回了家。

积极化解矛盾，争取刑事谅解，案件出现重大转机被不起诉

——何某涉嫌非国家工作人员受贿案

案情简介

孙某向A公司承租了位于S市N区的一商铺。2017年7月，因经营不善，孙某欲转租该商铺，但合同约定在租赁期内不得转租。

为了将店铺转租，拿到转让费，减少亏损，孙某找到犯罪嫌疑人王某，让其疏通A公司同意转租。犯罪嫌疑人王某向孙某索取8万元活动费用后，找到犯罪嫌疑人郑某要其帮忙到A公司就转租事宜疏通关系。后犯罪嫌疑人郑某找到A公司负责店铺转让的商业部招商经理何某。犯罪嫌疑人何某同意并索要人民币11万元的好处费。鉴于孙某急于转租且已预收意向承租人刘某的店铺转让费，双方急于办理店铺转租手续，犯罪嫌疑人何某安排Y与刘某签订2年期的虚假合作经营某店的协议，并以合作收益的形式，变相收取刘某租金差额共计人民币54618.66元。

上述协议签署之后，犯罪嫌疑人何某利用自己担任A公司商业部招商经理职务上的便利，指示员工郑某提交该商铺的转租申

本篇撰稿人：秦建军，北京市盈科（深圳）律师事务所高级合伙人律师。

请并违规审批通过。后，犯罪嫌疑人王某向孙某索要15万元，自己扣除2万元好处费后，将剩余13万元支付给犯罪嫌疑人郑某，犯罪嫌疑人郑某再次扣除2万元的好处费后，在某停车场将剩余11万元交给犯罪嫌疑人何某。

律师策略

辩护人认为，何某犯罪情节显著轻微、犯罪较轻，且其具有自首、认罪认罚、自愿主动退赃、获得报案单位谅解、初犯、偶犯、无任何违法犯罪记录、主观恶性小等法定、酌定的从轻、减轻、从宽处罚情节，故建议检察机关根据我国《刑事诉讼法》第177条第2款关于“对于犯罪情节轻微，依照刑法规定不需要判处刑罚或者免除刑罚的，人民检察院可以作出不起诉决定”之规定，对何某依法免除处罚，作出不起诉决定。

辩护效果

犯罪嫌疑人何某涉嫌非国家工作人员受贿罪一案，经有效辩护，S市N区检察院采纳了辩护人不起诉的辩护意见，作出不起诉决定。

辩护心得

一、何某经公安机关电话通知到案，属自动投案；加之其自愿如实供述自己的罪行，故依法构成自首；鉴于其犯罪较轻，可依法免除处罚

1. 我国《刑法》第67条规定：“犯罪以后自动投案，如实供述自己的罪行的，是自首。对于自首的犯罪分子，可以从轻或者减轻处罚。其中，犯罪较轻的，可以免除处罚。”

2. 公安机关《起诉意见书》显示：“犯罪嫌疑人何某经我局民警电话通知，于 2018 年 9 月 3 日到我局 X 派出所投案。”

3. 公安机关《到案经过》显示：“经过对案件调查，发现 A 公司招商经理何某有重大作案嫌疑，遂我所民警通知何某到 X 派出所配合调查，2018 年 9 月 3 日 11 时 30 分许，犯罪嫌疑人何某到 X 派出所配合调查。”

4. 何某自动投案后，如实供述自己的罪行，构成自首，鉴于其犯罪较轻，可依法免除处罚。

二、何某在审查起诉阶段自愿认罪认罚，依据我国《刑事诉讼法》第 15 条之规定，可依法从宽处理

1.《刑事诉讼法》第 15 条规定：“犯罪嫌疑人、被告人自愿如实供述自己的罪行，承认指控的犯罪事实，愿意接受处罚的，可以依法从宽处理。”

2.《S 市刑事案件认罪认罚从宽制度试点工作实施办法（试行）》第 1 条第 1 款规定：“本办法所称的认罪认罚从宽制度，是指在刑事诉讼中，犯罪嫌疑人、被告人自愿如实供述自己的罪行，对指控的犯罪事实没有异议，同意量刑建议，签署具结书，公安机关、人民检察院、人民法院在实体上依法从宽处理，在程序上依法从简、从快处理的制度。”

3. 何某已签署《S 市公安局认罪认罚告知书》，其在本案审查起诉阶段认罪认罚，依法可从宽处理。

三、本案涉案金额少，社会危害性小，何某犯罪情节显著轻微，属犯罪较轻

1.最高人民法院、最高人民检察院《关于办理贪污贿赂刑事案件适用法律若干问题的解释》第11条规定：“刑法第一百六十三条规定的非国家工作人员受贿罪……中的‘数额较大’‘数额巨大’的数额起点，按照本解释关于受贿罪、贪污罪相对应的数额标准规定的二倍、五倍执行。”

该《解释》第1条第1款规定：“贪污或者受贿数额在三万元以上不满二十万元的，应当认定为刑法第三百八十三条第一款规定的‘数额较大’……”

2.据此，我国《刑法》第163条规定的非国家工作人员受贿罪中“数额较大”的范围是6万元—100万元。

3.本案中，何某涉案的金额为11万元，接近“数额较大”的起点，犯罪情节轻微，社会危害性不大，属犯罪较轻。

四、本案中，何某真诚悔过并在其家属的协助下积极将涉案的11万元全部退至办案机关

五、何某已与A公司签署《赔偿协议书》且该司已出具《刑事谅解书》

最高人民法院《关于常见犯罪的量刑指导意见》规定，积极赔偿被害人经济损失并取得谅解的，综合考虑犯罪性质、赔偿数额、赔偿能力以及认罪、悔罪程度等情况，可以减少基准刑的40%以下。本案中，何某真诚悔过，在家属协助下积极退款并与A公司达成赔偿协议且该公司已出具《刑事谅解书》，其造成的社会矛盾已得到弥补。

六、何某系初犯、偶犯，其无任何违法犯罪记录，主观恶性较小

1. 最高人民检察院《关于在检察工作中贯彻宽严相济刑事司法政策的若干意见》第 8 条规定：“正确把握起诉和不起诉条件，依法适用不起诉。在审查起诉工作中，严格依法掌握起诉条件，充分考虑起诉的必要性，可诉可不诉的不诉。对于初犯、从犯、预备犯、中止犯、防卫过当、避险过当、未成年人犯罪、老年人犯罪以及亲友、邻里、同学同事等纠纷引发的案件，符合不起诉条件的，可以依法适用不起诉，并可以根据案件的不同情况，对被不起诉人予以训诫或者责令具结悔过、赔礼道歉、赔偿损失。确需提起公诉的，可以依法向人民法院提出从宽处理、适用缓刑等量刑方面的意见。”

2. 何某系初犯、偶犯，无犯罪前科，其在案发前一直遵纪守法，表现良好，从未有过任何违法犯罪行为。

律师思考

刑事谅解也称被害人谅解行为，既不同于刑事调解与刑事和解，也不同于私了，它在自诉案件中是阻却犯罪成立的事后承诺行为，在公诉案件中一般表现为酌定从宽的量刑情节。刑事谅解制度有利于加强被害人的诉讼地位，顺应公权力与私权利之间界限调整的需要，有利于案结事了，促进社会和谐，其意义是在国家公诉为主导的刑事追诉模式下，个体私权益保护得到重视。即便从国家垄断的刑事追诉模式发展到公诉兼自诉的追诉模式，国家掌握了绝大部分的刑事追诉权，而自诉的范围被严格限制，一般只适用于涉及公民人格、名誉、健康、财产等个人权益方面的情节轻微、危害不大的刑事案件。公诉案件中，被害人只能被动地作为国家追诉犯罪的工具，需要提出相应诉求的，只能在刑事诉讼程序后的刑事附带民事诉讼中提出，即在国家追诉的案件中，刑事被害人是没有参与存在感的。

刑事和解制度的设立，针对侵害个体法益的犯罪，赋予被害人（单位）选择谅解犯罪嫌疑人、被告人并达成和解协议的权利，向被害人让渡了部分诉讼权利，使原本只是国家与被告人之间的单一线性诉讼结构改变为国家——（犯罪嫌疑人）被告人——被害人（单位）之间的三角诉讼角色结构，给予个体参与国家追诉犯罪刑事诉讼程序的机会，同时也修正了国家追诉犯罪过于注重刑罚本身，而忽略受损的个体权益维护及破损的社会关系修复的现状。

司法实践中已将“谅解”作为量刑情节予以适用，谅解作为量刑情节的案件性质已经不局限于故意伤害、交通肇事等比较轻微的刑事犯罪，而是扩展到强奸、故意杀人、以危险方法危害公共安全、职务侵占罪等、盗窃罪等社会危害性大的严重犯罪，虽个别案件出现因被害方提出高价赔偿导致双方未形成谅解反而加深矛盾的情况，但不能无视谅解作为量刑情节已处于越来越广泛的地位。刑事谅解的量刑规范化建设，是合理规范法官的自由裁量权、实现量刑公正的重要保障。

公司高管收取其他公司干股分红款构成何罪
——王某涉嫌非国家工作人员受贿、职务侵占案

案情简介

2015年6月，S公司为提升品牌知名度，向广告公司征集营销方案。王某系S公司公关部经理，主要负责公司产品的宣传、推广等工作。J广告公司总经理卢某与王某联系后，向S公司提出了冠名赞助足球赛事进行推广宣传的方案。S公司经过评估审定，委托J广告公司作为代理商负责与赛事主办方进行洽谈，同时与J广告公司签订代理合同并支付代理费人民币150万元。后经三方协商，S公司与赛事主办方签订冠名赞助合同并支付冠名赞助费人民币2000万元。赛事主办方则根据合同向J广告公司支付返点费人民币200万元。事后，J广告公司总经理卢某通过公司银行账户转账人民币50万元至王某提供的银行账户。此外，王某还收受了B广告公司总经理李某给予的佣金返点人民币15万元。

经查，王某入职S公司之前便注册成立了J广告公司，王某入职S公司后便将股权转让给了卢某、张某，并办理了工商变更登记。但王某、卢某、张某三人同时还约定王某占B广告公司

本篇撰稿人：高立明，北京市盈科（深圳）律师事务所高级合伙人律师。

30%的干股，由卢某代持。公安机关认为，王某在S公司工作期间收受J广告公司的好处费人民币50万元，同时王某是J广告公司的股东，而J广告公司是S公司的供应商，因而，认定王某的行为涉嫌职务侵占罪。为此，公安机关以王某涉嫌非国家工作人员受贿罪和职务侵占罪，将案件移送检察机关审查起诉。

律师策略

根据公安机关的指控，王某涉嫌非国家工作人员受贿罪、职务侵占罪两个罪名，如果指控成立，王某将承担严重的法律后果。

辩护人接受委托后，通过会见和认真审阅卷宗材料，认为公安机关认定王某涉嫌职务侵占罪缺乏事实根据和法律依据，如果成功辩护将职务侵占罪去除，王某则会避免数罪并罚，辩护人将会为当事人争取到最大的合法利益。于是，辩护人在审查起诉阶段依法向公诉机关提出了关于王某不构成职务侵占罪的书面法律意见，恳请公诉机关根据案件事实和证据，依法对王某的行为进行审查、认定。

辩护效果

公诉机关采纳了辩护人的法律意见，两次退回公安机关补充侦查，最后认定王某的行为不构成职务侵占罪，仅以非国家工作人员受贿罪对王某提起公诉。

辩护心得

《刑法》第271条规定："公司、企业或者其他单位的人员，利用职务上的便利，将本单位财物非法占为己有，数额较大的，处五年以下有期徒刑或者拘役；数额巨大的，处三年以下有期徒刑或者拘役，并处罚金；数额巨大的，处三年以上十年以下有期徒刑，并处罚金；数额特别巨大的，处十年以上有期徒刑或者无期徒刑，并处罚金。”《刑法》第163条规定：“公司、企业或者其他单位的工作人员，利用职务上的便利，索取他人财物或者非法收受他人财物，为他人谋取利益，数额较大的，处三年以下有期徒刑或者拘役，并处罚金；数额巨大或者有其他严重情节的，处三年以上十年以下有期徒刑，并处罚金；数额特别巨大或者有其他特别严重情节的，处十年以上有期徒刑或者无期徒刑，并处罚金。公司、企业或者其他单位的工作人员在经济往来中，利用职务上的便利，违反国家规定，收受各种名义的回扣、手续费，归个人所有的，依照前款的规定处罚。”

根据最高人民法院《关于常见犯罪的量刑指导意见》的规定，构成职务侵占罪的，可以根据下列不同情形在相应的幅度内确定量刑起点：（1）达到数额较大起点的，可以在2年以下有期徒刑、拘役幅度内确定量刑起点。（2）达到数额巨大起点的，可以在5年至6年有期徒刑幅度内确定量刑起点。在量刑起点的基础上，可以根据职务侵占数额等其他影响犯罪构成的犯罪事实增加刑罚量，确定基准刑。

一、正确认识和区分一般违法行为与犯罪行为

《公司法》第147条规定，董事、监事、高级管理人员应当遵守法律、行政法规和公司章程，对公司负有忠实义务和勤勉义务。董事、监事、高级管理人员不得利用职权收受贿赂或者其他非法收入，不得侵占公司的财产。王某在S公司任职期间，虽然担任部门经理，也应属于公司高级管理人员，但其没有如实向公司报告自己持有J广告公司30%的干股的情况，尤其是J广告公司成为S公司广告代理商之后，王某继续隐瞒，未向公司如实申报，其行为违反了《公司法》关于公司董事、监事、高级管理人员对公司负有忠实义务的规定，但这只是一般的违法行为。

二、对于王某收受J广告公司总经理卢某50万元的性质进行正确分析和认定

关于王某收受J广告公司总经理卢某50万元的性质，辩护人认为属于股东分红款，而不是好处费。

1. 王某是帆某广告有限公司的创始股东，王某将J广告公司股权转让给卢某和张某二人时，没有收取股权转让费用。而王某在入职S公司之前，已经是J广告公司的法定代表人，拥有公司100%的股权。王某到S公司工作后，根据S公司的相关规定，已经主动辞去了J广告公司法定代表人职务，并将公司股权转让给卢某、张某二人，变更后的股权持有情况为卢某持股70%（其中代王某持有30%）、张某持股30%，但王某没有向卢某、张某二人收取股权转让费用。

2. 我国现行的法律法规对于国家工作人员经商办企业有明确的限制性规定，但对企业员工却没有限制性规定，对企业员工持有其他公司的股权也没有明确的禁止性规定。王某入职S公司后仍然保留J广告公司30%的干股并交他人代持，实际上未参与J广告公司的经营管理，这不违反法律法规的禁止性规定。

3. 王某作为J广告公司的隐名股东，依法有权获得公司分红款。《公司法》第34条规定："股东按照实缴的出资比例分取红利；公司新增资本时，股东有权优先按照实缴的出资比例认缴出资。但是，全体股东约定不按照出资比例分取红利或者不按照出资比例优先认缴出资的除外。”我国公司法虽然没有对隐名股东作明确规定，但隐名股东的合法权益依然受法律保护。根据上述规定，股东有权决定公司分红。在本案中，王某作为J广告公司的隐名股东，依法有权获得公司分红款。

4. 王某收取的人民币50万元属于J广告公司的股东分红款。首先，王某多次供认称该50万元是公司的分红款；其次，J广告公司总经理卢某供述称支付给王某的50万元是公司给王某的股东分红款，该款先由公司账户转至卢某的账户，然后再由卢某将50万元转至王某提供的账户；再次，J广告公司转账时备注“个人投资本金和收益”，这表明款项为股东分红。此外，J广告公司还以“个人投资本金和收益”的名义，给另一名股东张某转账15万元股东分红款。

三、J广告公司代理S公司赞助赛事冠名项目并收取代理费，是民事主体之间的商业行为

J广告公司是S公司的供应商，而S公司之前并没有举办大型赛事冠名活动的经验，委托第三方代理在情理之中，S公司即便不委托J广告公司代理，也要委托其他公司代理。而S公司确定由J广告公司进行代理，并不是由王某决定的，而是通过S公司内部流程审批决定的。J广告公司获得150万元代理费，是根据合同约定取得的合法报酬，不属于《刑法》规定的职务侵占罪的“非法占有”范畴。

J广告公司代理赛事冠名活动，已经履行合同约定的事项，有权根据合同的约定获得相应的报酬。因而，J广告公司从S公司获得的150万元的代理费，属于纯粹的商业行为，不存在欺诈，更不属于“非法占为己有”。

四、对于王某收受卢某50万元的行为，从犯罪构成要件来分析论证是否构成职务侵占罪

职务侵占罪指公司、企业或者其他单位的人员利用职务上的便利，将本单位财物非法占为己有，数额较大的行为。职务侵占罪的主体为特殊主体，包括公司、企业或者其他单位的人员。这些人员包括四种类型的人员：一是非国有股份有限公司、有限责任公司中不具有国家工作人员身份的董事、监事。他们是公司的实际领导者，在公司具有一定的职权，可以成为本罪的主体。二是非国有股份有限公司、有限责任公司中除公司董事、监事之外的经理、部门负责人以及其他一般职员和工人。三是国家机关、国有公司、企业、事业单位中的非国家工作人员，包括合同工和临时工，他们利用工作之便非法占有本单位财物，数额较大的，也应成为本罪的犯罪主体。四是股份有限公司、有限责任公司以外的其他单位的人员。所谓非法占为己有，是指采用侵吞、窃取、骗取等各种手段将本单位财物化为私有，也包括将合法已持有的单位财物视为己物而加以处分、使用、收藏而变持有为所有的行为。本案中，J广告公司支付给王某的50万元，事实上是J广告公司通过代理S公司冠名赞助赛事项目而获得的代理费，属于J广告公司的合法收入。而王某既没有利用职务之便，也没有利用职务上的便利，没有签订虚假代理合同欺骗S公司支付合同款项，主观上不属于非法占有。

律师思考

《刑事诉讼法》第37条规定，辩护人的责任是根据事实和法律，提出犯罪嫌疑人、被告人无罪、罪轻或者减轻、免除其刑事责任的材料和意见，维护犯罪嫌疑人、被告人的诉讼权利和其他合法权益。

《律师法》第31条规定，律师担任辩护人的，应当根据事实和法律，提出犯罪嫌疑人、被告人无罪、罪轻或者减轻、免除其刑事责任的材料和意见，维护犯罪嫌疑人、被告人的诉讼权利和其他合法权益。

本案中，辩护人针对不同的罪名及事实分别采取不同的辩护策略。一是对于指控王某收受J广告公司卢某50万元构成职务侵占罪的指控作无罪辩护。辩护人认为，辩护的关键在于王某收受J广告公司总经理卢某50万元这一行为的性质是属于法律范围内允许的民商事行为，还是触及刑事法律规定的犯罪行为。辩护人综合全案的案件事实及相关法律规定，论证分析该款项的性质，认为该款项属于股东分红款性质，公民的合法收入应受法律保护。辩护人多次同公安机关、公诉机关沟通辩护意见，最终此辩护意见成功被公诉机关采纳，提起公诉时仅指控王某涉嫌非国家工作人员受贿罪。二是针对公诉机关关于王某收受B广告公司总经理李某15万元构成非国家工作人员受贿罪的指控，辩护人作罪轻辩护，取得了较好的辩护效果。

“刑法是善良人的大宪章，也是犯罪人的大宪章。”罪刑法定原则要求，不管是“罪”或者“刑”，都只能由法律规定。辩护人在办理刑事案件过程中，应充分利用罪刑法定、证据裁判、疑罪从无等有力武器，综合全案证据，正确适用法律，围绕犯罪构成，进行精准法理辩护，善于和办案单位理性沟通，帮助当事人洗脱冤情，实现有效辩护。

小股东被控侵资金，综合施策终未诉
——杨某涉嫌职务侵占案

案情简介

高某到公安机关报案称，杨某作为某公司小股东，在公司大股东不知情的情况下，成立全资子公司，并将该母公司账上的400余万元转到该子公司账上，部分资金被该子公司使用。

杨某因涉嫌职务侵占罪于2018年4月被立案侦查，后被刑事拘留并被批准逮捕。

律师策略

《刑事诉讼法》第175条第4款规定："对于二次补充侦查的案件，人民检察院仍然认为证据不足，不符合起诉条件的，应当作出不起诉的决定。"

辩护人经过会见、与办案单位沟通、调查取证等工作，获悉报案人在报案时，对案情作了虚假陈述，误导了侦查机关的侦查工作，导致本案真实情况与目前侦查机关掌握的情况存在较大差异，本案中杨某的行为不构成挪用资金罪，更不构成职务侵占罪。

本篇撰稿人：顾宁，北京市盈科（深圳）律师事务所高级合伙人律师。

辩护人经过与犯罪嫌疑人杨某沟通，决定作无罪辩护。

辩护人在侦查阶段，向公安机关提交了相关证据和辩护意见，争取不对杨某移送审查起诉；在审查起诉阶段，争取检察机关对杨某作出不起诉决定。

辩护人先后向侦查机关和审查起诉机关提交了《侦查阶段辩护意见》《审查起诉阶段辩护意见》（一）（二）（三），《退回补充侦查阶段律师辩护意见》（一）（二），共六份辩护意见，在审查证据、认定事实、是否构成犯罪等方面进行全面分析论证，以推动办案单位认定杨某参与挪用资金、职务侵占事实不清、证据不足。

辩护效果

检察机关在审查起诉阶段采纳了律师的辩护意见，经两次退回补充侦查，最终作出不起诉决定。犯罪嫌疑人杨某得以释放。

辩护心得

一、律师要正确、充分运用调查取证权

实践中，部分律师认为，律师不能进行调查取证，调查取证对律师来讲有相当大的风险。

律师调查取证的确存在一定的风险。但是，为了协助办案机关查清案情，律师在经过审慎的评估和法律审核后，是需要获取真实证据并提交给办案单位的。因为证据是认定事实的重要基础，而认定的事实决定着犯罪嫌疑人的行为是否构成犯罪。所以，在证据层面上，律师应该有所作为。在严格依法办案、控制风险的同时，对合法的证据，应当及时获取并提交给办案

单位。这体现的是律师对当事人负责任的态度以及律师的专业水准。

二、积极与办案单位沟通，引导其正确处理案件

我们认为，作为辩护人，有一项相当重要的工作，就是与办案单位进行有效沟通。这样不仅可以进行信息交互，而且可以协助办案单位查清案件事实，使犯罪嫌疑人得到公正的处理。

我们强调，刑事案件办案的核心主体是办案单位，即侦查机关、审查起诉机关和审判机关，显然不是律师。因此，我们认为与办案单位的有效沟通，引导其正确处理案件十分重要。

三、坚持不懈，做好逮捕后辩护工作

犯罪嫌疑人已经被逮捕的案件的辩护难度，要比犯罪嫌疑人未被逮捕的案件大得多。

众所周知，我国《刑事诉讼法》关于逮捕标准的规定实际上已经接近于定罪的标准。也就是说，被逮捕的犯罪嫌疑人，其涉嫌案件的在案证据已经接近于定罪的标准。

然而，基于犯罪嫌疑人被逮捕时，案件还处于初始阶段，有很多证据尚未收集，有很多事实并未查清，因此，律师在此阶段有着巨大的辩护空间。作为辩护人，要坚定对此类案件的辩护信心，要从长计议，扎扎实实做好律师应做的辩护工作。而辩护工作的核心，就是严格依照刑事诉讼法以及相关司法解释的规定，对证据进行审查。对确实存在证据不足的案件，辩护人应依法争取审查起诉机关不予起诉。

四、退回补充侦查期间辩护工作不能停滞

一些疑难、复杂的案件，可以经过审查起诉机关两次退回补充侦查。这在实践中是比较常见的。那么在退回补充侦查阶段，律师是进行辩护，还是等待呢？

我们认为，辩护人要根据案件的进程，根据办案主体的变化，跟进相关辩护工作。在案件退回侦查机关补充侦查期间，辩护人应当根据案件情况，及时联系办案单位进行沟通，提交获取的新证据，提交关于犯罪嫌疑人无罪或罪轻的辩护意见。

在案件经补充侦查，重新报回审查起诉机关后，辩护人应当根据阅卷的最新情况，根据案件进展，向审查起诉机关提交相关证据、发表辩护意见等，而不只是等待侦查机关和审查起诉机关的处理结果。

五、刑事辩护规范化不仅可能，而且必然

在相当长的一段时间内，业界对此问题进行过争论。不赞同刑事辩护规范化的人，多数是认为刑事案件案情不同、罪名不同，是无法进行辩护规范化的。

我们认为，这种观点存在一定的问题。律师的辩护工作和侦查机关、审查起诉机关、审判机关的工作，从本质上是没有区别的，只是在刑事诉讼制度的设计、诉讼地位、工作方向等有所区别。而公、检、法三个机关的工作对象同样是不同的案情、不同的罪名。为什么他们的工作可以规范化，而律师的工作就不能？这讲不通。

我们认为，对辩护人的业务流程、业务标准、业务水平的相关要求，应当与上述三个机关相一致。而对律师的辩护工作无法规范化论调的存在，恰恰说明了当前律师辩护工作的发展水平和发展阶段。实际上，在新中国刚成立时，公、检、法三个机关刚刚开始工作之时，司法工作规范化水平不是很高。而随着我国司法水平的提高，上述三个机关的司法规范化水平已经达到了相当高的水平。我们据此认为，律师辩护工作也应当按此规律发展。

律师思考

在侦查阶段，辩护人不能阅卷，此时其最重要的工作是对于案情信息的获取。辩护人接手案件后，通过与犯罪嫌疑人家属沟通、会见犯罪嫌疑人、与办案单位沟通、收集证据等工作，大概能了解到一个案件的70%左右的真实案情，从而进行客观分析。

本案经过辩护人了解分析后发现，真实情况与当时侦查机关掌握的情况存在较大差异。原因是报案人在报案时，对案情作了虚假陈述，误导了侦查机关的侦查工作。所以辩护人对案情进行了重新梳理，对收集到的证据进行了分析评估，并及时将真实证据提交给侦查机关和审查起诉机关。

此外，在法律、案例依据方面，辩护人结合最高人民法院发布的两起重审的涉及挪用资金案件，认真分析最高人民法院在两份再审改判判决中的定罪论理部分，紧紧围绕和把握挪用资金罪的“私自挪用”和“为个人利益”两个核心点，对本案进行分析，得出本案中杨某的行为不构成挪用资金罪，更不构成职务侵占罪的辩护意见。

辩护人据此向侦查机关和审查起诉机关提交辩护意见，在审查证据、认定事实、是否构成犯罪等方面进行全面分析论证，最后得到侦查机关和审查起诉机关的认可。

严防死守因果关系，检察院终撤回起诉
——李某涉嫌故意伤害案

案情简介

2019年5月，李某与其丈母娘张某在张某搬家过程中发生争执，张某倒地受伤，经检查，张某T10及12椎体楔形改变，考虑为骨折，其中T10椎体为新鲜性骨折，T12椎体为陈旧性骨折。经鉴定，张某受到伤害为轻伤二级。李某因涉嫌故意伤害被提起公诉。

律师策略

经辩护人分析，现有证据仅能证实李某与张某之间有拉扯，不足以证实李某与张某之间的拉扯与张某的倒地的结果存在因果关系（无法排除张某是在没有外力作用情况下自行倒地的合理怀疑），亦不足以证实张某的倒地结果与张某轻伤二级的结果存在因果关系（无法排除张某是因搬家劳累、骨质疏松旧疾导致其胸椎骨折、轻伤二级结果的合理怀疑）。即便能证实上述因果关系，

本篇撰稿人：袁晓雨，北京市盈科（深圳）律师事务所律师；龚宇晨，北京市盈科（深圳）律师事务所实习律师。

也应考虑到“李某造成的‘损伤’以及张某当天搬家劳累造成的损伤、张某本身的既往疾病”的综合影响。这三项因素对于张某T10椎体新鲜性骨折损害结果的作用孰大孰小，无从判断，是否能够独立造成损害结果也无法判断，此种情况下应不予评定张某的损伤程度。

一、现有证据仅能证实李某与张某之间有拉扯，无法证实李某是在用力拉拽（用力拉拽才可能导致倒地）

二、现有证据不足以证实李某与张某之间的拉扯与张某的倒地的结果存在因果关系

1. 双方的拉扯会导致张某倒地的情形为：李某在拉扯过程中用力推张某或者故意放手，才会导致张某倒地。而通过以下五个细节，足以证实这一推论不成立：

（1）没有看到李某用蛮力拉扯手袋，或故意放手，或推张某的动作。

（2）张某是缓慢、侧身倒地。如果是因拉扯、外力推倒而倒地，通常应是较短促地倒地，而不是缓慢倒地。

（3）张某倒地的时候没有发出任何响声。如果是因拉扯、外力推倒而倒地，通常应是因无法控制重心而跌坐在地，会伴随一定声响倒地。

（4）双方拉扯时间非常短暂，没有拉来拉去的过程，说明李某在拉扯过程中临时起意暗自施力导致张某倒地的可能性较小。

（5）张某倒地后，李某说：“你就讹我吧，你躺地上装吧。”按正常人的逻辑，如果看到对方因自己的某种行为而受伤倒地，且在现场已经有人报警（赵某已经报警）的情况下，应会有慌乱、后悔、着急等举动，而不是像李某这样，理直气壮地声称张某是在“装”。

2. 双方拉扯导致张某倒地，并非张某倒地这一结果发生的唯一可能情形，还存在另一种可能为：张某是在没有任何外力作用的情况下，自己缓慢倒地。

（1）张某是身子挨着李某的上臂往下滑的，即张某可能是故意往李某手臂方向靠，靠上就开始往下滑从而倒地。如果是因用力拉扯或故意放手导致张某倒地，双方应会存在明显距离，不可能发生“挨着上臂下滑”的情形。

（2）张某之所以会做出“自己缓慢倒地”的行为，是有充分合理的解释的。李某认为，赵某将其夫妻大额共同财产转移给了张某和赵某的弟弟，因此诉至法院要求离婚及返还财产。李某在离婚诉讼中的主张是否真实、是否能成立与本案无关，但可以证实：张某作为赵某的母亲，为赵某争取这部分的财产，不愿向李某返还财产，因而做出这种“自己倒地”并报案至公安机关的行为，试图让李某惹上麻烦而无暇顾及这一离婚、经济纠纷，是完全合理的。

三、现有证据不足以证实张某倒地与其被诊断出 T10 椎体新鲜性骨折从而构成轻伤二级的结果之间存在因果关系，并且无法排除张某胸椎骨折是“常年旧疾，加上案发当天搬家劳累所致，并非是被外力推倒在地或因被告人李某拉扯才倒地”的合理怀疑

1. 张某的 MR 诊断报告单是对于张某胸椎受损骨折的情况描述，但并不能反映该胸椎骨折的成因，不能凭借该报告单以及根据该报告单所作出的鉴定意见，来认定被告人李某的任何行为与张某受伤的结果之间存在因果关系。

2. 张某胸椎骨折的原因充分有可能是因案发当天搬家、持续弯腰收拾、搬挪物品导致。

（1）对张某所做体格检查显示“左前臂前侧、右前臂前侧皮下出血，左手环指近节皮下出血”，结合相关中立证人证言可证实，张某在李某到达案发现场前已经搬家半小时左右，搬家过程中必然有多次弯腰、挪动重物的行为，才会导致有左右前臂、手指皮下出血的情形。且鉴定时间为案发第二天，该皮下出血的程度仍然存在，更加证实了张某案发当天搬家劳累的程度。

（2）胸椎体楔形改变实则就是压缩性骨折，人体脊柱本应是垂直地面，由于外力等因素变成斜面，影像学将其称为椎体楔形改变。这种病症在临床上常见于中老年人，特别是老年人发生骨质疏松后，某次外伤，或者好多情况下没有产生外伤，坐车颠了一下，或者猛地转身，或者弯腰提东西扭了一下，就会发生脊柱椎体压缩。张某 72 岁，案发当天因要搬家而弯腰收拾打包多次，劳累达到皮下出血的程度，即使在倒地事件发生前去鉴定，可能都会得到“腰椎压缩性骨折”的结果。

（3）鉴定书及 MR 诊断报告单显示张某有一处新鲜性骨折、一处陈旧性骨折，说明其旧伤未愈，本身就有骨质疏松、压缩性骨折等疾病存在，长时间搬家的行为又进一步使其恶化，因此有充分理由怀疑，张某被诊断出的胸椎骨折症状是当日搬家所致。

四、即使认定张某是在与李某拉扯过程中，因李某比其力气大且在旁人看不出来的情况下暗自施力，导致张某缓慢倒地，也应综合可能由李某造成的“损伤”以及张某当天搬家劳累造成的

损伤，与张某本身的既往疾病结合起来认定李某对其胸椎骨折成果的作用大小

如前所述，张某当天存在搬家劳累致使皮下出血的情形，且本身就有 T12 的陈旧性骨折、骨质疏松等旧病存在，也即：张某有搬家导致的外伤，还可能有李某在拉扯过程中用力致其“缓慢”倒地的外伤，同时又有胸椎受损的既往病史。这三项因素对于张某 T10 椎体新鲜性骨折损害结果的作用，孰大孰小无从判断，是否能够独立造成损害结果也无法判断。一方面，应当根据有利于嫌疑人的原则对因果关系进行认定，认定李某的行为与张某的损害结果之间没有因果关系；另一方面，以上两种外伤与疾病对造成损伤结果的参与程度，可以分为下列两种可能情形：①如果外伤与疾病独立存在，都可能造成骨折的后果，两者兼而有之，作用基本相等，此时外伤参与程度应视为 50%；②如果外伤为诱发因素，疾病为主要原因，外伤参与程度应低于 50%。

第一种情形，如果外伤参与程度为 50%，根据《人体损伤程度鉴定标准》第 4.3.2 条规定，损伤与既往伤 / 病共同作用的，即二者作用相当的，应依据本标准相应条款适度降低损伤程度等级，等级为轻伤一级和轻伤二级的，均鉴定为轻微伤，即张某的损伤结果应鉴定为轻微伤；且外伤中也不止有李某造成的外伤，还有张某自身搬家导致的外伤。

第二种情形，如果外伤参与程度低于 50%，根据《人体损伤程度鉴定标准》第 4.3.3 条规定，既往伤 / 病为主要作用的，即损伤为次要或者轻微作用的，不宜进行损伤程度鉴定，只说明因果关系。即这种情况下不评定张某的损伤程度。

辩护效果

2020年8月10日，检察院向法院提交撤回起诉决定书；2020年8月18日，法院裁定准许检察院撤回对李某的起诉。

辩护心得

1. 紧扣争议焦点，击破因果关系。

本案争议焦点为张某胸椎骨折的成因。在论证李某与张某的拉扯行为与张某倒地没有因果关系的基础上，辩护人试图为张某胸椎骨折的成因另行找到一个具有充分说服力的解释，以击破张某胸椎骨折与李某行为的因果关联。

为此，辩护人曾去医院挂号咨询骨科专家，出于案件保密性考虑，将问题细化为“摔倒在地形成的胸椎骨折，和因为劳累、骨质疏松旧疾形成的胸椎骨折，在临床表现上是否会有不同”。经医生告知，骨折形成过程是诊断不出来的，但骨质疏松的老年人，确实容易诱发胸腰椎骨折。此外，辩护人通过网上检索，收集了相关新闻（例如“骨质疏松：公交车一颠，老人脊柱压缩性骨折”）、病例及科普类文章等，以证实“张某胸椎骨折可能是常年旧疾加上搬家劳累原因所致”的观点。

2. 与承办人积极、主动沟通。

本案审查起诉阶段，辩护人多次与检察官主动沟通，在此也感谢本案检察官的耐心倾听。通过充分交流，一方面，辩护人可以了解到检察官对本案的办案立场，另一方面，也利于辩护人根据检察官的关注点有针对性地提出法律意见。本案相关办案人员都有着深厚的专业素养，有着公正为民的司法情怀，抗住来自被害人等的巨大压力，严格依法办案，尊重事实证据，还了李某一个清白，这是李某的幸运，也是辩护人的幸运。

律师思考

一起被告人与被害人主张截然不同的案件，随着对案件的深入分析，辩护人逐步确定了因果关系的递进式辩护思路，顺着因果逻辑关系的推演，一层层搭建罪名不成立的防线，只要有一层不被攻破，就无法得出被告人有罪的结论。

辩护人关注无罪、罪轻证据，检法人员关注有罪、罪重证据，可能在辩护人看来证据明显不足、无法定案、有其他合理怀疑的案件，检法人员不一定这么想；有些时候，即使检法人员内心也闪现过跟辩护人同样的念头，觉得可能存在其他合理怀疑，行为人可能无辜，但最终盖棺定论之时，光有这么一丝念头闪过远远不够，需要给它添上很多把火，让这个念头烧得更旺，直到能彻底盖过“也许这个人有罪”的念头。

否定言词证据的证明力，终获无罪判决

——陈某涉嫌强制猥亵案

案情简介

2013 年 7 月 22 日 23 时 20 分，被害人在便利店上班时接到被告人电话，要其送一箱矿泉水到家，被害人将矿泉水送到被告人住所后，被告人打开门将被害人拉进房间，对被害人进行强吻、强摸、顶下体等行为。便利店其他员工见同事长时间未回，通知了店主。店主去被告人住所敲门，被害人哭着开门并诉说被非礼，店主随后通知其丈夫打电话报警，公安民警现场将被告人抓获归案。一审法院以强制猥亵罪判处被告人有期徒刑 11 个月。

律师策略

律师始终坚持无罪辩护，除了仔细阅卷找出言词证据的证明力不足外，还走访现场，进行了调查取证。

辩护效果

本案历时 3 年，经过二审发回重审，重审一审法院判决无罪，

本篇撰稿人：翟振轶，北京市盈科（深圳）律师事务所高级合伙人律师。

检察院抗诉，二审法院维持无罪判决，走完了全部程序。

辩护心得

一、二审辩护

律师接手二审，会见时，被告人认为自己无罪，律师和被告人及其家属充分沟通后，一致决定作无罪辩护，并坚持到底。

律师通过与被告人及家属的充分沟通，了解到案件的初步情况，不久，被告人刑满释放并办理取保候审，随后在二审法院也拿到了全部案卷。

通过会见和阅卷，律师决定带着被告人去现场实地感受一下。律师先到便利店，再到被告人住所，重走了一遍被告人当时的路线。便利店是小区商铺，住所是小区住宅，被告人要从便利店回到住所，需要通过两重门禁，大门一个，楼栋一个。虽然被告人被抓后，房东将该住所已经出租给了他人，现在是一家美容店，但律师还是借机进去客厅看了看。通过现场走访，律师特别关注到了便利店的监控摄像头方位、楼栋的门禁系统情况，并拍照作为证据。通过与便利店员工的交谈，律师发现案发后不久，原便利店店主就将便利店转让给了现在店主。

被告人刑满释放后，原来扣押的手机也得以归还。由于期间该手机一直没有使用，还保留着案发前后的通话记录，律师发现案发前被告人先给被害人手机打过电话，再给便利店打电话，案发后便利店店主给被告人手机打过电话，律师将这些通话记录全部截屏作为证据。另外，被告人与被害人还是微信好友，虽然聊天记录删除了，但律师也截屏作为证据，并叮嘱被告人保存好这部手机，以备当庭查验。

通过现场走访，结合阅卷，律师更加坚定了无罪辩护的信心。律师向二审法院提交了开庭申请书、证人出庭作证申请书、被害人出庭作证申请书，并将照片及通话记录、微信截屏作为证据提交。律师也为开庭进行了充分准备，制作了阅卷笔录、质证意见、举证意见、发问提纲、辩护提纲等，并和被告人进行了反复沟通。

二审法院最终决定开庭审理，庭审中检察员对被告人进行了细致的讯问，很显然，检察员是想通过讯问来发现被告人供述中的矛盾，从而实现当庭突破。接着律师进行了询问，由于检察员已经进行了细致讯问，律师的询问更多的是查漏补缺和强调核心事实。合议庭最后进行了补充讯问。综合整个发问情况，被告人虽然在个别与被害人交往细节的回答上存在与庭前供述矛盾之处，但一直坚持没有实施强制猥亵的行为，并为矛盾之外作了合理的解释。在质证阶段，律师针对控方的证据，包括书证、被害人陈述、证人证言、现场勘查笔录、视频资料等，都提出了全面而细致的质证意见，律师还详细发表了自行收集并提交证据的举证意见。在法庭辩论阶段，检察院主动提出建议本案发回重审，即使如此，律师还是结合全案的证据情况，发表了要求判处被告人无罪的辩护意见。

二、发回重审

另行组成一审合议庭后，律师还是去重新阅卷，重新提交一份证据，重新申请被害人、证人出庭作证。一审期间，检察院补充提交了证据，主要是公安机关的两份情况说明：一份说明时间过长，无法提供被告人与被害人之间的通话记录，另外一份说明现在无法找到被害人和证人。看到这两份情况说明，对本案最终被判决无罪，律师增强了信心。

虽然庭前与被告人进行了充分沟通，但开庭还是出了意外，被告人当庭提出申请公诉人回避。在庭前沟通时，被告人曾经提出要申请公诉人回避，律师对此提出不同意见，认为本案现有证据不足以支持有罪判决，无罪判决的可能性大，即使一审判决有罪，也可以继续上诉。因为被告人现在不是处于羁押状态，正在取保候审，完全没有必要节外生枝，把案件的审限延长，耽误自己的时间，早日拿到无罪判决才是最重要的。被告人也认可律师的这一观点，但在庭审中，还是没有控制住自己的情绪，申请公诉人回避。

在审判长的允许下，经过与被告人的短暂沟通，被告人还是坚持申请回避，律师也只能尊重其选择的权利。但由于他的这一行为，导致审限被延长。审判长让书记员将回避事由记入审判笔录后，宣布休庭。

我国《刑事诉讼法》及相关司法解释均没有规定检察院处理检察官回避申请的期限，因此，理论上这一期限可以无限长。虽然在此期间，律师多次联系审判长，检察官及检察院要求尽快处理回避申请，甚至多次进行投诉，但这个期间还是达到了 9 个月，最终检察院驳回了回避申请。

第二次开庭，除了必须被告人回答的问题外，其他意见都交给律师来发表，这样被告人的情绪就得到了很好的控制，庭审虽然交锋激烈，但进行得很顺利，律师依然坚持之前发表的质证意见和举证意见，从证据的三个特性、证据能力和证明力三个方面，对本案定罪证据进行了充分反驳。

庭审结束后，一审判决迟迟未能出来，经过多次催促，最终一审判决以指控的犯罪证据不足为由，判决被告人无罪。但律师认为这不是最后的胜利，检察院很有可能会提出抗诉。

三、抗诉

果不其然，检察院提出了抗诉，案件到了中级人民法院。这次律师不用申请开庭了，因为《刑事诉讼法》规定，抗诉案件，二审必须开庭。

开庭前，检察员通知被告人去做笔录，律师陪同被告人一起去做笔录。律师和检察员进行了沟通，表达了无罪辩护的观点，强调关键证据存在的问题。通过这次交流，律师感觉到检察员的信心不足，对二审维持无罪判决充满信心。

结合重新阅卷情况，律师对阅卷笔录、质证意见、举证意见、发问提纲、辩护提纲进行了补充、完善，围绕检察院的抗诉书，重新对全案的证据进行了梳理，针对性地准备了反驳意见。

律师对庭审的安排，被告人完全同意，庭审的配合也非常默契。律师在庭审中，按照法定程序和流程，将准备的各种意见和观点依次向合议庭展现出来。

最终，二审法院作出维持原判、驳回抗诉的终审判决。

律师思考

在本案中，能够直接证实案发现场情形的证据只有被告人与被害人的供述和陈述，间接证据除了便利店主和店员的证言外，还有监控录像、书证等反映被告人及被害人在案发前后的行为表现。被告人一直否认控罪，虽然其在多次供述中对某些细节的描述存在矛盾，但这些细节不是关键细节，且矛盾符合人之常情，能够合理解释，那么定罪的证据就只剩下被害人陈述以及对证人证言，这两者都是言词证据，根据我国《刑事诉讼法》的规定，对这两类言词证据的审查规则都是一样的。只要推翻这样的言词证据，本案定罪证据就会明显不足，无法达到确实充分的地步，只能作出指控的犯罪不能成立的无罪判决。

审查言词证据，先要看其有没有证据能力，再来分析证明力。比如，要先考查被害人或证人的年龄、精神状态，认知、记忆和表达能力，笔录的制作是否符合法律、法规的规定，是否个别进行，有无暴力、威胁等办法收集证据的情形等，只有具备证据资格，有证据能力，言词证据才能进入法庭进行质证。根据司法解释的规定，不具有证据能力的言词证据，不能作为定案根据，但如果只是收集程序、方式的瑕疵，经过补正或合理解释，可以作为定案根据。具备证据能力后，还要看被害人或证人与案件有无利害关系、言词证据自身或相互之间是否存在矛盾、与其他证据是否存在矛盾、是否能够和其他证据相互印证，最终形成证据链条。

就本案来看，被害人共有三次陈述，在前两次陈述中其均否认与被告人认识，彼此也没有联系和沟通，其所报的手机号码显示是便利店店主的，且是受理案件登记表中的报案电话。案发 7 天后的第三次笔录中，被害人才陈述自己的真实电话号码，而这个号码与被告人之前主动提供的被害人手机号码一致，被害人在这次笔录中承认被告人曾给她发过短信，但短信已经删除。这说明，被害人在刻意回避和被告人熟悉这一客观事实。另外，被害人的陈述与证人证言存在不一致，被害人的陈述与书证及监控视频也不一致，而且在公安机关补充侦查时，被害人并未出面解释上述不一致之处。被害人的陈述自相矛盾，与其他证据不能相互印证，因此，不具有证明力。

本案有两个证人，一个是便利店店主，另一个是便利店店员。这名店员作证时不满 18 周岁，是未成年人，作证时应该有法定代理人或相关人员到场，但在本案中却是便利店店主在场，两人都是本案的证人，员工的证人证言是在本案另外一名证人店主在场时作出的，这违背了《刑事诉讼法》及司法解释中“证人应个别询问”的规定，不能作为定案根据。而且这两份证人证言之间，被害人陈述与监控录像之间，都存在着互相矛盾的地方，不能相互印证。

本案有一份重要的书证，就是便利店的购物小票，由便利店店主提供。根据监控录像及被告人供述，显示被害人送的是益力牌矿泉水，现场勘验检查笔录里的照片记录的也是益力矿泉水，但这份小票显示的是怡宝矿泉水。小票上有打印时间，但根据监控录像显示，在这个时间里，便利店的收银机没有打印购物小票。便利店店主提供这份小票是想证明被告人从便利店购买了矿泉水，被害人送水去时才被猥亵，但这份购物小票不是当时开出的，而是事后补打的，存在人为造假。

律师多次申请证人、被害人出庭作证，但均没有实现，便利店也在案发后转让，店主和店员不知所踪，连公安机关都找不到。在起诉书指控的事实里，本案为便利店店主的丈夫报警，但没有他的笔录，不仅如此，其丈夫还在案发后30分钟内给被告人手机打过三次电话，因为被告人熟睡而未接。以上疑点让人对起诉书指控的事实产生怀疑。

本案能够取得无罪判决，律师认为有三点值得借鉴：第一，律师、被告人及其家属协商一致，坚持选择无罪辩护；第二，细致阅卷，扎实辩护；第三，敢于走访现场，开展调查取证。

被告人执意挖坑置自身尴尬境地，律师量刑辩护有效

——钟某涉嫌强奸案

案情简介

被告人钟某于2018年9月26日凌晨0时许和老乡伍某一起来到住处附近的休闲会所，开包房、喝酒、唱歌，期间钟某叫了一个技师为其洗脚。其后，作为会所经理的被害人曾某进入房间，主动陪同喝酒，房间内四人（含技师）通宵喝酒。次日早上，伍某要将剩余酒水寄存在前台并准备离开，被曾某劝阻后，四人又回到房间继续喝酒至中午12时50分，伍某去前台结账，被害人曾某此时已酒醉，站立不稳，由被告人钟某扶着。结账后，被告人钟某和一名服务员将曾某扶至曾某办公室（位于会所一、二楼楼梯间拐角）沙发上休息，期间因钟某与伍某在一楼楼梯口逗留，技师与服务员在办公室内反锁房门，直至确认二人离开会所后，技师与服务员才离开办公室并将房门关上（房门只能从里面反锁）。钟某回到自己母亲住处后，与伍某分开，之后不久，钟某返回会所进入被害人曾某办公室，双方发生性关系。事后，曾某要求钟某支付5000元，钟某借故未支付，曾某对钟某进行威胁并

本篇撰稿人：宫志刚，北京市盈科（深圳）律师事务所专职律师。

打电话给他人，钟某此时未穿裤子，光着下身逃离现场。

律师策略

在被告人无自首、认罪认罚、认罪悔罪、刑事和解等任何法定从宽处罚情节的情况下，辩护人坚定了以证据不足的无罪辩护为辩护方向、以引起合议庭重视案件疑点和合理怀疑为突破口，在绝不放弃无罪判决可能性基础上争取疑罪从轻、保证被告人可以在轻罪下无重刑后顾之忧而继续寻求司法救济的辩护策略。

辩护效果

最终，钟某在被认定为“归案后始终不认罪，未如实供述自己罪行”的情况下获得从轻判决：S 市某区人民法院认定钟某犯强奸罪，判处有期徒刑 3 年 6 个月。

辩护心得

辩护人经过反复阅卷发现，该案从各种证据方面都指向对被告人钟某严重不利的方向，尤其是重要证人伍某的证言，虽是间接证据，但伤害力极强。但是，被告人钟某始终坚持辩称，被害人是在清醒、自愿的情况下与其发生性关系的，其供述和辩解较为稳定且结合相关证据有一定的可信度。因此本案不能排除合理怀疑、得出被告人有罪的唯一结论。即辩护人认为，从证据上和理论上讲，钟某确实有无罪辩护空间，这个是大前提。

但是，有无罪辩护空间不代表一定能够获得宣告无罪的理想结果，还需要通盘考虑现实条件，从而实现有效辩护。在公诉机关已经提起公诉之后，司法实践中，法院直接宣告无罪的可能性极低，从现实角度考虑，在一审中追求量刑从轻较为现实，具有可操作性，在争取到较轻量刑基础上，被告人可以在上诉、申诉等后续救济阶段没有太大后顾之忧。辩护人尽管内心更侧重现实的量刑之辩，但在策略上毅然选择无罪辩护，通过无罪辩护达成动摇法院的有罪确信，从而争取疑罪从轻的阶段性辩护成果。

因此，辩护人以证据不足的无罪辩护为辩护方向，以引起合议庭重视案件疑点和合理怀疑为突破口，绝不放弃无罪判决可能性，争取疑罪从轻。

以下为辩护人的具体辩护思路：

一、本案的基本事实和证据

1. 案件争议事实和争议焦点

本案争议焦点在于，在办公室发生性关系时，被害人是否处于酒醉不醒状态。钟某辩称，案发时被害人是清醒状态，躺在沙发上玩手机且被害人主动搂抱、脱去衣服；曾某称，其在被强奸的过程中是清醒的。关于钟某光着下身逃离现场的原因，钟某辩称，曾某在发生关系后向其索要5000元，索要未果后扬言找人来教训钟某，其出于害怕逃离现场；曾某承认其要求钟某支付5000元，但目的是为了稳住钟某，不是真的要钱，且对方也未支付。

2. 相关证据概述

关于曾某被扶进办公室后，钟某在会所逗留不离开的原因，钟某称，曾某喝酒时表示心情不好，要求钟某陪着她；会所技师称，喝酒时曾某自称失恋了。关于钟某与伍某逗留后离开会所的事实，伍某称，钟某与其各自回家后，钟某打电话给伍某，称其现在在会所二楼，伍某担心他出事，赶到会所二楼，未找到钟某，于是打电话给钟某问其在哪里，钟某称要和曾某发生关系，伍某称不要乱搞，钟某表示很快就回家，就挂了电话，伍某在回家路上还与钟某通过电话，其均称很快回家。之后，钟某就打电话告知伍某出事了，对方索要 5000 元。最后，钟某光着下身来到伍某家楼下，让其拿裤子给钟某穿。钟某的衣裤遗留在案发现场。曾某在 14 时 30 分左右确实打了不少电话，其中有与会所两位股东、治安联防队长等的通话记录可以证实。

3. 对被告人不利之的事实和证据

第一，钟某称与曾某熟悉、见过几次，曾某却否认，只承认认识伍某；

第二，钟某称曾某表示心情不好，要求其陪陪她，却没有得到房间里的其他人认可（不排除音乐太吵，技师和伍某没听到）；

第三，钟某搀扶曾某进房间后，在现场逗留，在伍某劝说之下才离开现场，容易给人蓄谋进行不法侵害的主观印象；

第四，发生争议后，钟某光着下身离开现场而未在现场等候，容易给人畏罪潜逃的主观印象，虽然其作出了合理解释——曾某扬言叫人来教训钟某，但还是不能彻底消除法官的怀疑；

第五，被告人钟某在庭审前的几次律师会见中均明确表示要“认罪不认事”（认罪但在描述案发过程中坚持被害人是在清醒状态下自愿并主动配合其发生性关系），严重压缩了辩护人的无罪辩护空间，同时也压缩了量刑辩护空间。

二、本案证据链确实有所欠缺，不能排除合理怀疑，得出唯一结论，有疑罪从轻的量刑结果的现实可能性

本案指控被告人钟某趁被害人曾某酒醉不醒、无法反抗的状态下强行与其发生性关系的证据不足，案发现场只有被告人与被害人两人且其证词相互矛盾，事关罪与非罪的关键事实——被害人是否在神志清醒状态下自愿发生性关系的事实没有直接证据证明，只有间接证据佐证，且全案存在较多疑点，不能排除合理怀疑，得出钟某有罪的唯一结论。

1. 指控钟某强行与被害人发生关系的唯一证据是被害人陈述，没有其他证据佐证（所有人证、物证均不能直接证明双方是否自愿发生性关系），且钟某也拒不承认强奸，其在庭审前历次笔录中都未承认其利用被害人酒醉不能反抗强行与被害人发生性关系，而是供述系被害人主动脱衣搂抱钟某后发生性关系，系自愿发生。

2. 现有证据只能证明双方酒后发生性关系，不能证明被害人当时酒醉不醒、神志不清、不能正确表达自己的性自主意志、不能反抗的状态。现有证据只能显示被害人在案发当天的 12 时 50 分尚能行走，只是酒后需要人扶且能在钟某搀扶下走到前台拿起他人手机查看时间，并未达到酒醉不醒的程度，且钟某离开后再次进入案发办公室是 13 时 36 分，离开现场为 14 时 30 分，更不能证明 14 时 30 分之前发生性关系时处于酒醉不醒状态。

3. 至于钟某在发生性关系后裸身离开现场，钟某多次解释原因是被害人事后敲诈勒索 5000 元不成功，然后扬言要教训钟某（有双方笔录以及卷宗里曾某的通话记录为证），钟某出于害怕而离开。钟某在当时的情境下有合理理由相信自身安全处于危险状态。

4. 案发地点为被害人单位，被害人办公室位于一、二楼楼梯间拐角处，一楼即是被害人同事们的宿舍，按照曾某的证言，其在清醒后极力反抗钟某，还踹了钟某，钟某也未采取暴力手段限制曾某人身自由，其完全有能力有条件向同事呼救却未呼救，反而打电话给他人，扬言要教训钟某，明显不像是被强奸后的正常反应、不符合社会生活常理。

5. 案发于当日 13 时 36 分至 14 时 30 分之间，钟某于 14 时 30 分离开现场后，曾某直到 15 时 19 分才打电话报案，不合被强奸后的生活常理。

钟某不知基于何种原因坚决“认罪不认事”，导致辩护人的无罪辩护效果有所折扣，否则量刑效果会更好。对于强奸罪这种罪名，认罪即等于承认违背妇女意志的事实，认罪会严重压缩律师的无罪辩护空间；不认事又与认罪相矛盾，“认罪不认事”属于无效认罪，无法认定为认罪认罚、认罪悔罪情节，从而压缩了量刑辩护空间。实践中确有被告人通过“认罪不认事”的方式与辩护人配合，既能规避因拒不认罪、悔罪被重判的可能性，又不削弱辩护人的无罪辩护效果，但这种操作适合法律专业性较强、容易引发较大争议、容易误认非罪为罪的罪名，如法官采信其供述的事实，其认罪尚可理解为法律认识错误、将非罪误认为是犯罪。但强奸罪本身不适合这种操作，因为普通人都明知未违背妇女意志与其发生性关系不构成强奸，被告人将自愿发生性关系当作强奸的法律认识错误不大可能发生，且辩护人也未教唆其认罪或不认罪，反而一再强调认罪就彻底认罪，要承认基本犯罪事实，否则就坚决不要认罪，不能自选矛盾，无奈钟某听不进去。

三、疑罪从轻的量刑结果

合议庭在3至6年有期徒刑的量刑起点中选择了3年6个月。依据最高人民法院修订后的《关于常见犯罪的量刑指导意见》，量刑分三步走：确定量刑起点——确定基准刑——确定宣告刑。依据该《指导意见》，强奸一人的量刑起点为3年至6年有期徒刑，在此基础上“根据强奸妇女、奸淫幼女情节恶劣程度、强奸人数、致人伤害后果等其他影响犯罪构成的犯罪事实增加刑罚量，确定基准刑”，最后“根据量刑情节调节基准刑，并综合考虑全案情况，依法确定宣告刑”。

因被告人钟某无法定从轻处罚或减轻处罚情节，在3至6年的量刑区间中确定量刑期为3年6个月，这在量刑辩护上是极为成功的，而成功的原因很大程度是因为辩护人的证据不足的无罪辩护动摇了法官内心确信，虽未能得到无罪判决，但已经在量刑上予以体现，被告人可以在保证量刑较轻的基础上通过上诉、申诉的方式继续寻求救济。

律师思考

本案辩护中，辩护人可用的客观条件几乎没有：作无罪辩护，既面临刑事司法实践无罪率太低的天然障碍，还要面临被告人固执地认罪（却又不认事）的背后夹击；如作罪轻辩护，也一样无法认定从轻或减轻情节，审判前钟某不愿认罪认罚，进入一审阶段又坚决不承认指控犯罪事实，无法认定认罪认罚、无力赔偿被害人、被害人不愿谈赔偿及刑事和解，自首也不能认定，因不符合自动到案条件且其认罪不是真正意义上的认罪，不能被法院认定如实供述罪行，即量刑方面除了初犯、偶犯外，没有任何法定或酌定从宽处罚的情节。律师只能从辩护策略上寻求突破，通过通盘分析，坚定作证据不足的无罪辩护，以期实现从轻的量刑有效辩护，才可能实现被告人利益最大化。

刑事辩护中，往往没有两利相权取其重，只有两害相权取其轻，辩护策略没有最好的，只有较为不差的。

犯罪中止与自首情节的认定标准
——王某涉嫌强奸案

案情简介

2015年9月，被告人王某依据与被害人叶某的约定，让叶某临时入住被告人王某所在单位租住的S市N区X小区B栋706的房间之一。被告人王某邀请准备睡觉的叶某外出吃夜宵被拒绝后，被告人王某遂买来一些夜宵返回住处，邀请叶某一起吃夜宵，在此期间，被告人王某自行喝了啤酒。当晚凌晨2时许，叶某回到自己的房间睡觉，酒后的王某想与叶某发生性行为，遂只穿着内裤进入并未锁门的叶某的房间，且径直走到睡在床上的叶某身边亲吻其嘴唇，叶某惊醒后大声呼救，被告人王某遂采取捂嘴、身体按压等方式，欲强行与叶某发生性行为，遭到叶某激烈反抗。被告人王某担心叶某的呼救声被邻居听见，遂停止强奸行为，好言安慰叶某后返回自己房间。叶某遂趁机打电话报警并在该小区门前等待民警到来。通过微信得知叶某已经报案的王某在小区门前找叶某时，被民警当场抓获。

本篇撰稿人：易凡，北京市盈科（深圳）律师事务所合伙人律师；要虹，北京市盈科（深圳）律师事务所专职律师。

S 市 N 区检察院以强奸罪起诉王某，并建议 S 市 N 区人民法院对被告人王某判处 3 年左右的有期徒刑。

律师策略

辩护人在精细化阅卷后，经过诉讼策略分析，排除无罪辩护和轻罪辩护的可行性，将罪轻辩护作为本案的主要辩护方向。在审查起诉和审判阶段，辩护人将被告人王某的行为构成犯罪中止和自首作为辩护重心，并让家属配合取得被害人叶某的谅解。

针对犯罪是否既遂的问题，辩护人在证据审查中发现，被害人叶某的两次陈述存在矛盾且无法与在案物证相互印证。而被告人王某陈述其实施强奸过程中因遭遇反抗而中止的经过稳定、一致，且被害人叶某阴道拭子未检出人精斑及常染色体 STR 分型。

针对王某是否构成犯罪中止的问题，结合犯罪时间在凌晨 2 点、地点处于封闭空间，辩护人认为被告人王某有能力继续实施犯罪而自动放弃，属于犯罪中止。

针对王某的行为是否构成自首的问题，辩护人认为被告人王某通过微信得知被害人叶某报警后，并未逃离现场，主动来到小区门口，在看见民警以后，主动坦白报警对象就是自己，且被告人王某到案后如实供述案发经过，其行为应当认定为自首。

辩护效果

本案辩护人在一审和二审程序中都实现了有效辩护。一审法院认定王某的行为构成犯罪中止，但并未认定王某的行为构成自首，以强奸罪判处王某有期徒刑 10 个月。王某上诉以后，二审法院最终认定王某的行为构成自首，以强奸罪判处王某有期徒刑9个月。

辩护心得

对于每一个刑事案件，辩护人的诉讼策略分析都需按照无罪辩护——轻罪辩护——罪轻辩护的顺序进行筛查。只有辩护的大方向对了，接下来的辩护工作才能取得良好的效果。

本案经过筛查后将罪轻辩护作为辩护工作的大方向，成功说服一审法院认定被告人王某的行为构成犯罪中止。但遗憾的是，一审法院并未认定被告人王某的行为构成自首，所以在被告人王某上诉以后，说服二审法院认定自首成了辩护工作的主要任务。功夫不负有心人，二审法院最终认定王某的行为构成自首。至此，辩护人在二审程序中都取得了有效辩护。

律师思考

虽然二审改判存在一定难度，但是不能因此就放弃《刑事诉讼法》赋予的上诉权。辩护意见未获得一审法院的支持，并不必然等于该辩护意见站不住脚。坚持多一点点，或许结果就是你想要的。作为刑事律师，更需要一股韧劲。

热点案件中如何正确发挥律师作用
——和某涉嫌寻衅滋事案

案情简介

2016年11月11日3时许，被害人董某等三人至某市某烧烤屋包间内吃烧烤，被告人和某等6人随后也到该烧烤屋大厅吃烧烤。双方各自喝酒过程中，被告人一方采用多种方式对被害人一方进行挑衅，并对3名被害人实施了殴打，之后6名被告人逃离现场。经鉴定，被害人董某的伤情被评定为轻伤二级，另有他人受伤。

代理律师接受被害人董某的委托，以法律援助的形式，作为其诉讼代理人参与本案。

律师策略

代理律师是在本案广受关注后介入代理工作的。热点案件的辩护和代理对承办律师的要求极高，因为律师的一举一动都会经过媒体宣传而放大。接受媒体采访也变成日常工作之一。同时，律师作为和当事人联系最紧密的人，当事人的喜怒哀乐等情绪变化都将对案件走向产生影响，当事人的疏导管理工作

本篇撰稿人：顾宁，北京市盈科（深圳）律师事务所高级合伙人律师。

异常繁重。此外，热点案件另一端连接着社会舆情与社会稳定，一时不慎将产生无可挽回的影响。上述因素，都是处理热点案件时需要考虑的。

办案律师秉着对被害人和社会稳定高度负责的态度，全身心投入案件办理。综合而言，我们主要从媒体应对、被害人心理疏导、专业代理等方面开展工作。

辩护效果

经过代理律师各方面努力，被害人董某平稳度过了人生中最灰暗的一段时间。在代理律师专业工作的推动下，被害人经与被告人律师协商，获取了一定数额的赔偿金。在庭审中，代理律师充分发表了代理意见，推动了案件依法审理和判决。被害人名誉与合法权益得到最大限度的维护，社会舆情逐步趋于稳定。

辩护心得

一、媒体应对工作

媒体力量是巨大的，尤其是如今微博等“自媒体”的兴起，使每个人都有了参与、影响事件的能力。本案最初得到广泛关注，也是起于被害人在个人微博曝光了案件的情况和照片。之后媒体的主流是同情被害人、依法打击犯罪，但是也出现了一些质疑、指责的支流，是需要警惕并加以正确应对的。代理律师紧跟媒体动向，与被害人共同研究，及时通过媒体发声，有效堵塞不当“媒体支流”，还原案件本来面目，有效维护当事人合法权益。

1. 辅助发布综合分析意见。由于代理律师介入案件时，舆论热度高，信息非常杂乱。各种不同立场的声音层出不穷，误导公众。代理律师介入案件后，立即辅助相关人第一时间仔细分析案情，依据已公开信息，形成分析意见，发布于互联网。分析意见主要包含事件起因、涉嫌罪名研究、对被害人伤情鉴定是否必须在 90 日之后、办案单位开具伤情《鉴定委托书》的时间、被害人人身检查、受理案件回执与立案告知、被害人权益维护优先等。因分析意见的法律依据充分，达到“正视听”的效果，枉法分析和质疑的声音渐微。

2. 应对涉及被害人名誉的不实报道。在案件正常推进过程中，某晚报突然发布了一篇关于本案的不实报道，采用了来自网络的不实图片，导致部分群众被误导，转而指责当事人，对被害人产生负面影响。代理律师立即启动应急预案，协助当事人连续发布《致某晚报的公开信》(一)(二)。公开信中指出，该媒体报道内容失实，所附的多张图片为其臆断添加，来源不明，有违新闻规范，并严重侵犯了当事人的名誉权。依据相关法律规定，被害人正式通知该报立即删除不当报道及图片；在该报显著位置、以显著形式正式向被害人道歉；保留通过诉讼维权的权利。公开信(一)发布不久，某晚报便删除了在各平台登载的该篇报道及图片，并直接联系被害人表示歉意，请求原谅。被害人合法权益得以维护，其本人也可以正常面对该案。

3. 应对公众对刑事附带民事诉讼撤诉的误解。被害人提起刑事附带民事诉讼后，为了使被害人的合法权益得到最大限度维护，我们辅助被害人与被告人律师代表进行了多次沟通。双方最终达成调解协议，被告人一方支付了一定数额的赔偿金。被害人申请撤回了刑事附带民事诉讼。

此消息经过媒体报道之后，部分人以为刑事案件也撤掉了，被告人将逍遥法外。于是开始指责被害人没有顾为其发声的群众的感受，不利于打击犯罪。我们发现后立即发布声明，解释了刑事附带民事诉讼撤诉与刑事案件撤销的区别；代理律师还接受了媒体采访，专门解释说明了这一问题，从而消除了公众误解和质疑。

二、被害人心理疏导工作

律师虽然不是心理医生，但面对刑事案件被害人，心理干预疏导工作是非常必要的，这也是律师做好热点案件代理工作的基本功。被害人心理疏导的最基本的前提，就是要同时感受到被害人心里所想，心理学上叫“共情”。本案的被害人在案发当时，遭受到了非常惨烈的非人待遇，心理受到极大的摧残，这是其面部的伤口都无法体现的。被害人在接受媒体采访时，讲述了被打过程，一旁的代理律师数度落泪。这些坚定了代理律师为被害人依法维权的决心，也是这种“共情”，为代理律师与被害人良性沟通、及时进行心理干预打下了坚实的基础，在关键时刻稳住被害人、稳住案件，防止出现更差的情况。

案件发生初期，被害人因遭受打击过大，表示出消极厌世的想法。代理律师第一时间发现该倾向，立即对被害人进行鼓励，告知其公安机关已经立案侦查，媒体非常关注这个案件，一定会将犯罪分子绳之以法，一定会还被害人公道。同时，应该遭受谴责的是犯罪分子，而不是被害人。被害人没有必要为犯罪分子的错误遭受更大的损失。经过代理律师疏导，被害人重拾了对案件发展的信心，正确面对现实。

被害人对办案单位心有不满，主要集中在办案单位没有及时立案和进行伤情鉴定等。代理律师依法对相关情况进行梳理，对照相关法律规定，明确办案单位可能涉嫌违法的问题，对被害人的观点予以支持。同时，让被害人关注刑事案件已经立案、鉴定已经进行、办案单位所属分局已经公开表态等情况，告诉其事态已经向好的方向发展。代理律师还依法介绍了办案单位的常规做法、依靠证据定案、查清案情需要时间等细节问题，使被害人对办案单位予以一定理解，缓解矛盾冲突，平复被害人心理。

当前述某晚报的负面报道出现时，被害人心里是极其崩溃的，这无疑是在案发后的“二次打击”，甚至产生了走极端的想法。代理律师马上认识到该问题的严重性，当务之急是必须立即对相关报道予以回应，依法维权。代理律师立即代被害人完成公开信并发布，相应媒体立即纠正，将危机和被害人风险消灭在了萌芽状态，为被害人维护了合法权利，赢得了尊严，心理归于正常。

被害人认为，通过刑事附带民事诉讼能获取的赔偿非常有限，连后期治疗费用都不够，代理律师对被害人进行鼓励，使其相信法律是公正的，同时可以通过与被告人达成和解解决问题。经过代理律师的劝说，被害人从对和解完全抵触，到可以接受和解。代理律师还综合施策，促使被告人的律师代表与被害人取得联系，提出较为具体的赔偿意见，并求得被害人谅解。最终双方达成调解协议，被害人也获取了一定金额的赔偿。这使被害人不至为后期治疗担忧，重新看到了希望。

三、专业代理工作

本案办案单位最初确定的罪名为故意伤害，但代理律师认为，根据目前掌握的情况，定寻衅滋事罪更为准确。

根据最高人民法院、最高人民检察院《关于办理寻衅滋事刑事案件适用法律若干问题的解释》第1条规定："行为人为寻求刺激、发泄情绪、逞强耍横等，无事生非，实施刑法第二百九十三条规定的行为的，应当认定为'寻衅滋事'。行为人因日常生活中的偶发矛盾纠纷，借故生非，实施刑法第二百九十三条规定的行为的，应当认定为'寻衅滋事'，但矛盾系由被害人故意引发或者被害人对矛盾激化负有主要责任的除外。"

根据上述规定，即使行为人与被害人之间系"因日常生活中的偶发矛盾纠纷"，借故生非，行为人的行为也应当认定为"寻衅滋事"。只要矛盾不是"被害人故意引发或者被害人对矛盾激化负有主要责任"，行为人都构成"寻衅滋事"。本案中，行为人与被害人之间是否发生矛盾纠纷，尚存疑问，但并不存在司法解释规定的"被害人故意引发或者被害人对矛盾激化负有主要责任"的情形。因此，本案中行为人的行为已构成"寻衅滋事"。

最高人民法院、最高人民检察院《关于办理寻衅滋事刑事案件适用法律若干问题的解释》第2条规定："随意殴打他人，破坏社会秩序，具有下列情形之一的，应当认定为刑法第二百九十三条第一款第一项规定的'情节恶劣'：（一）致一人以上轻伤或者二人以上轻微伤的；……（四）持凶器随意殴打他人的；……（六）在公共场所随意殴打他人，造成公共场所秩序严重混乱的；……"

本案中，一是被害人董某的伤情构成轻伤二级，因此符合本条中第（一）项规定的致伤内容；二是多名行为人使用啤酒瓶对被害人进行殴打，啤酒瓶破裂致被害人董某面部受伤，上述情节属于本条第（四）项规定的持凶器内容；三是在某烧烤店内外，行为人都对被害人进行了殴打，店内、店外均属于公共场所；四是行为人当众对害人殴打长达约半个小时，并进行视频录像，已造成公共场所秩序严重混乱。

综上，代理律师认为，本案行为人的行为涉嫌寻衅滋事罪。办案单位后将罪名调整为寻衅滋事罪，最终法院也以该罪名判处。

庭审当日，法庭公开审理持续了一整天。代理律师作为被害人董某的诉讼代理人参加庭审。庭审期间经法庭许可，代理律师对 6 名被告人进行发问，对公诉人所举证据中的个别内容进行了强调，对被告人辩护人的个别质证意见进行了答辩，并对本案的定罪和量刑问题分别发表了代理意见。代理律师依法充分维护了被害人的合法权益，并对本案公诉进行了支持，充分发挥了作为被害人诉讼代理人应有的作用，得到法庭和旁听人员的充分肯定。最终法院分别判处 6 人一定期限的有期徒刑。

代理律师作为被害人董某诉讼代理人的法律援助服务工作完成后，被害人董某对代理律师提供的法律援助服务表示满意，并专程来到律所，当面对代理律师所做的大量、卓有成效的工作表示感谢。

律师思考

热点案件是火山口。火山口是非常危险的地带，代理律师享受热度的同时，还伴随着被“岩浆”吞噬的风险，因此务必做好合规保护措施。

热点案件是放大镜。作为热点案件的代理律师，做的每一项工作，接受的每一次采访，都会受到社会各界的监督和审视，缺点和错误都会被相应放大。

媒体威力巨大。当今时代，每个人都是自媒体。媒体的声音影响社会舆论导向。应对媒体一定要正确、及时。

《律师执业管理办法》第 40 条规定：“律师对案件公开发表言论，应当依法、客观、公正、审慎，不得发表、散布否定宪法确立的根本政治制度、基本原则和危害国家安全的言论，不得利用网络、媒体挑动对党和政府的不满，发起、参与危害国家安全的组织或者支持、参与、实施危害国家安全的活动，不得以歪曲事实真相、明显违背社会公序良俗等方式，发表恶意诽谤他人的言论，或者发表严重扰乱法庭秩序的言论。”办案律师要时刻严守底线、严把标准、做到合规化。在媒体采访、社交平台发布信息时，一定不得泄露不应当公开的信息或秘密，避免对社会舆论产生误导，从而导致严重的后果，甚至承担执业风险。

最后，经历全案，代理律师更加深刻地感悟到：“法律，是弱者的守护神！每个人都有成为弱者的时候，唯有敬畏法律、遵守法律，才能换来自己生活的平静和社会的安宁！”

价格鉴定结论书为王？破解涉案金额
——王某涉嫌盗窃案

案情简介

王某，男，1978 年生，陕甘边界山区的农民出身，为人老实本分，性格憨厚淳朴，早年就来 S 市，由于文化知识的缺失，只能从实习保安员做起，工作 12 年后，升任小区物业保安副队长，但性格基本没变，工作上依然是“领导的话必听，领导的忙必帮”，勤劳忠诚，本分踏实。

新调任的保安队长在外面兼职开了个农产品批发店，王某经常被队长喊过去帮忙装货、卸货。如果是队长自家的货，队长会请王某几个伙伴下个馆子吃一顿，如果是队长接的外活，队长会给王某几人发点酬劳。时间长了，外活干多了，王某也习惯了，还可以赚点零花钱补贴家用，也放下了心中对于货物来源和性质的担心。

2019 年，农历春节前的某天晚上，队长又喊王某及几个伙伴去某工厂仓库搬货，其他伙伴跟随大卡车走，王某单独和队长坐一辆小车先去工厂仓库。到达仓库后，队长从车上拿出液压剪，

本篇撰稿人：李晓明，北京市盈科（深圳）律师事务所专职律师。

让王某握住仓库大门的锁头，在队长剪了几下还没剪断的时候，王某意识到这次可能有点问题，但缺乏主见的王某拿不定主意，身边也没有其他人可以商量，最后王某还是被“要听领导话”这条主线战胜了心中的疑惑。王某小声地问队长这是不是在偷东西，队长随口说：“仓库锁坏了，老板让我们剪的，我们负责搬东西就好了。”王某将信将疑地听信了队长的话，转头拿过液压剪，把仓库大门打开了。之后，工厂开工盘点后报警，当晚王某就因涉嫌盗窃罪被刑事拘留，送进了看守所。

律师策略

证据材料显示了王某在保安值班室被抓获的经过、王某分得赃款 500 元的微信收款记录、队长的口供称是王某剪开的仓库门锁、王某的口供称其在剪开门锁时候已经意识到是偷东西、S 市 L 区价格认证中心出具了 52 万元的《价格鉴定结论书》。辩护人分别就王某的到案经过、被盗物品款式有无包装盒在价格上的区别、被盗物品出货订单价格等疑问，前后多次向检察院提出辩护意见，力求从涉案金额在共同犯罪中的地位、作用等量刑情节着手，争取检、法办案机关的认同。

辩护效果

起诉书认定王某系从犯，建议量刑为有期徒刑 5 年至 7 年。一审认定王某系从犯，具有自首情节，被盗数量参照销赃数量为 65000 个，涉案金额降为 50 万元以下，判决有期徒刑 2 年 6 个月。

辩护心得

1. 王某属于从犯：在共同犯罪中，王某没有参与前期计划，也没有参与后期销赃，在整个犯罪活动中所起的作用最小，王某应当认定为从犯。对于从犯，应当从轻、减轻处罚或者免除处罚。

2. 王某具有自首情节：辩护人仔细查看王某口供和抓获经过，王某被抓获当天是值下午班和晚班，在下午队长被抓获和晚上同伙保安乙被带走时，王某均在警察旁边配合警察登记和通知队长及保安乙的工作，之后依然在保安室继续值班，直到警察再次来保安室带走王某。王某属于客观上能跑而不跑的现场等候性自首。对于自首的犯罪分子，可以从轻或者减轻处罚，犯罪较轻的，可以免除处罚。

3. 王某并没有参与犯罪的预谋，事前也完全不知道是去盗窃：因为王某以前经常跟随队长去兼职做搬运工，都是正常出卖劳动的苦力活，这次也一样，队长喊王某去搬点东西，并没有事前告知是去盗窃，王某直到剪开门锁的时候才意识到可能是在偷东西，王某信守“一切听领导指挥”的错误原则，王某的犯意属于临时起意，主观动机属于任由事态发展的间接故意，参考更值得处罚的主动追求事态发展的直接故意，王某可以从轻或者减轻处罚。

4. 500 元微信红包不属于赃款：队长销赃后的当天下午，通过保安乙给王某微信转账 500 元，并告知这是昨晚的辛苦费，王某收下，由于之前王某兼职给队长搬货，一直都是有辛苦费和报酬的，对于本次搬货行为，王某收下 500 元并没有不妥，按照正常人的思维，如果明知道是盗窃销赃 98000 元且队长分赃 40000 元，王某不会同意只分赃 500 元。综合论证，分赃只适用于参与谋划的核心犯罪分子，队长的 40000 元属于赃款。货币是种类物，王某的 500 元不包含在 98000 元赃款之内，不应该属于赃款。

5. 被盗公司提供的被盗数额和出货单价不应完全采信：被盗公司是本案的直接关联人，对于其提供的关于本案核心关键的被盗数量和物品出货价格的证据材料，不应该完全采信。

6. 两次盘点数量相减不等于被盗数量：被盗公司上次盘点是在 2018 年 11 月，涉案盗窃行为是 2019 年 1 月发生，2019 年 2 月再盘点，两次盘点数相减，简单得出就是被盗数量，这个计算方法不符合刑事证据标准，不能排除第一次盘点到涉案发生之间的 2 个月有货物丢失或有员工随手带几个玩具作为回老家过年的礼品，也不能排除涉案发生到第二次盘点之间的 1 个月有其他人员进入已经开锁了的仓库拿走货物等情况的合理怀疑。

7. 被盗公司提供的被盗数量不真实：参考被害公司提供的出货单，成品货物都是每箱 1000 个或每箱 3000 个，按照每小箱 100 个，成品出货数都是单箱数的整数倍，但是，在被盗公司提供的被盗货物中，成品被盗数量出现诸如 4676 个、5319 个等数据。显然，被盗公司提供的被盗数量不真实。

8. 补充侦查卷中被盗公司作出的关于被盗数量的解释不符合常理：辩护人对被盗公司的被盗数量提出质疑后，被盗公司提供了前后两次盘点的数据表格，在被盗的十种产品中，有八种产品都是第一次盘点时有，第二次盘点时没有，既包括成品，也包括半成品。根据常理，王某等人是凌晨去盗窃，不可能做到“点对点”的盗窃。显然，被盗公司提供的被盗数量不真实。

9. 队长销赃的数据更具参考性：队长将货物运送到D市销赃时，清点货物共计65000个，参考单价1.5元，得出赃款为98000元，比被盗公司提供的73000个的数据更具有真实性、参考性。

10. 价格鉴定没有按照法律规定的要求参考市场价格：S市L区价格认证中心出具的52万元的《价格鉴定结论书》没有按照刑事案件侵财类犯罪货物的价值鉴定要求，即在有条件选用市场法的情况下，应当以市场法为主要价格认定方法。本案中，价格认证中心既没有采用市场法，也没有采用第二、三顺序的成本法和专家咨询法，而是简单粗暴地直接按照被盗公司提供的数量、单价、港元汇率得出涉案金额，既不具有程序合法性，也不具有数额真实性。

11. 被盗公司提供的出货价不客观：被盗公司提供的被盗十款产品的历史外贸订单中其中某一款产品出现了两次，并且这一款产品在不同时期的出货单价几乎是2倍差价，显然，被盗公司提供的出货价不能直接用于认定涉案被盗货物的价值。

12. 价格参照基准日不基准：侵财类犯罪货物的价值应尽量参考犯罪时的市场价值，本案是2019年1月发生的，被盗公司提供的出货单应该是近半年的才对，但经辩护人查看，被盗公司提供的基本上都是2018年上半年的出货单，甚至还有部分产品是2017年的出货单，显然，基准日选择不正确，得出的涉案金额也不客观。

13. 同一产品的鉴定价格比其在网站的零售价还贵，显然鉴定价格不客观，不真实。

14. 未包装半成品价格和已包装成品价格没有区分：被盗公司提供的出货单上的出货产品都是已包装成品，出货单价也是按照已包装成品来计算的，本案被盗物品中，有很大部分是未包装半成品，价格鉴定时也参照已包装成品的出货单价，显然不合适，涉案金额应该减掉未包装未成品数量对应的包装费和包装人工费。

15. 出货价包含了报关费、船运费和码头费：被盗公司提供的出货单，很多都是 CFR 的海运出货模式，被盗公司作为卖方应承担报关费、船运费和码头费，产品单价当然要去减去上面各项费用，因此，用出货价作为涉案价格极其不合理，得出的涉案金额也就不客观、不真实。

律师思考

在涉及侵财类犯罪的刑事案件中，司法机关往往直接参考《价格鉴定结论书》，直接或间接地促使了鉴定机构对案件的影响。然而，很多时候，鉴定机构都是简单粗暴地直接参照被盗公司提供的数据，很少去做市场调查，很少做成本核算，更不会去做专家咨询，这导致很多案件中价格鉴定结论都脱离了社会真实的价值。但是，由于办案机关十分迷信价格鉴定，使得价格鉴定很难被破解和推翻，辩护人申请重新鉴定又很难，即使重新鉴定了，结论也跟上次差不多，所以，辩护人并不愿意直接对《价格鉴定结论书》发表辩护意见。在本案中，针对个案，辩护人采用各个击破的方式，对鉴定结论书中的数量和出货价两个依据和整个价格体系提出质疑，摧毁办案人员对于鉴定书的内心迷信，让审判法官不完全参考鉴定结果，从而达到实质性推翻鉴定结论的效果。

王某剪锁和搬货的行为应该得到处罚，但因为涉案价值达到50万元，即使从犯降档处罚，也要判5到7年。在没办法推翻鉴定结论的情况下，转向去击破鉴定结论中的上游数据来源、中游鉴定程序的合法性、下游鉴定结论的客观性和真实性以及整个价格是否符合社会常识，能够起到较好的辩护效果。

综合应用无罪、轻罪、量刑等辩护形态，最大限度维护被告人的合法权益

——皮某涉嫌诈骗案

案情简介

2017 年 6 月 5 日，被告人郑某、肖某出资注册成立了 S 市 S 美容养生有限公司（以下简称“S 公司”），并委托郑某（分案处理）负责管理。该公司雇请被告人皮某、高某等十余名营销人员以女性身份注册微信号，通过散发卡片、微信搜寻“附近的人”等方式广加好友，并用挑逗性的隐晦用语使受众认为该公司提供涉黄服务，一旦有男性顾客主动联系，营销人员便告知公司的地址。顾客如到店查看，郑某等人继续以隐晦用语暗示该店存在涉黄项目，诱惑对方预先交费或者充值，随后安排技师进行高收费的按摩服务。当客人发现并无涉黄项目时，技师及前台顾问等人以各种理由诱导客人继续进行消费，如有客人提出退款要求，则以各种理由拖延或拒绝，除非客人在店内大吵大闹，实在安抚不住才退款。案发后，经统计，该店以上述诈骗方式通过皮某的 POS 机接受顾客消费和充值 889154 元，

本篇撰稿人：秦建军，北京市盈科（深圳）律师事务所高级合伙人律师。

通过微信、支付宝等途径接受的消费和充值的数额达 1666352 元，共计 2555506 元。

律师策略

辩护人认为：一、《起诉书》指控的 889154 元及 1666352 元诈骗金额的证据未达到证据确实、充分的证明标准，涉案金额事实不清，证据不足；二、不能以 S 公司的涉案金额作为被告人皮某的涉案金额；三、本案被提起公诉的销售人员仅皮某一人，其他比皮某入职早、工资高的销售人员均未被追究刑事责任，违反罪责刑相适应原则；四、如合议庭认为公诉机关指控皮某犯诈骗罪的证据确实、充分，则还应注意其具有从犯、立功、坦白、认罪悔罪、自愿退回全部工资收入并主动缴纳罚金、无前科劣迹、系初犯、偶犯以及在办案机关掌握的证据不充分的情况下，如实交代有助于公安机关收集定案证据等法定、酌定的从轻、减轻或免除处罚情节，被告人皮某符合适用缓刑的条件，建议对其作出罪责刑相适应的判决并适用缓刑。

辩护效果

被告人皮某被指控诈骗罪一案，公诉机关的量刑建议为 13 至 15 年有期徒刑，最终 S 市 L 区法院全部采纳了辩护人的辩护意见，被告人皮某被判 3 年有期徒刑，缓刑 3 年，排序由第二降至第三。

辩护心得

一、《起诉书》指控的889154元及1666352元诈骗金额的证据未达到证据确实、充分的证明标准，涉案金额事实不清、证据不足

二、不能以S公司主张的涉案金额作为被告人皮某的涉案金额

1. 皮某入职前，S公司的行为及涉案金额与皮某无关。《起诉书》显示S公司成立于2017年6月5日，皮某于2017年12月入职该公司，故皮某入职前该公司的行为及涉案金额与皮某无关。

2. 被告人皮某于2017年12月进入该公司，2018年5月2日因本案被抓获，扣除2018年年初近2个月的春节假期，其在该公司的实际时间仅3个月。

3. 其他销售人员的业绩额与皮某无关。

三、本案被提起公诉的销售人员仅皮某一人，其他比皮某入职早、工资高的销售人员均未被追究刑事责任，违反罪责刑相适应原则

1. 我国《刑法》第5条规定："刑罚的轻重，应当与犯罪分子所犯罪行和承担的刑事责任相适应。"

2. 在案证据材料显示，该店有多名营销人员，但目前到案并被追究刑事责任的仅有皮某一人，其他营销人员均未被追究刑事责任。

（1）检察机关对高某不予批捕的理由是其入职时间短，相应的工资金额比较少。但本案其余销售人员中有入职时间较长且工资较高的，而该部分销售人员均未被追究刑事责任。

（2）S公司的一个名为"好友"的微信群聊天记录显示，S公司的销售人员有多人。

（3）郑某的第1次《讯问笔录》（2018年5月3日16时20分至17时9分）显示："问：S休闲会所有多少个工作人员？答：前台有2个人，技师有五六个人，网络销售有几个，我不知道。"

（4）高某的第1次《讯问笔录》（2018年5月3日9时26分—10时23分）显示："问：你这个工作点有多少人？答：平时销售部有13个人，昨天民警检查的时候，他们都不在办公室。"

（5）皮某的第1次《讯问笔录》（2018年5月3日5时53分至7时2分）显示："问：你们店里有多少个网络销售？答：13个左右，都是男的。问：你的业绩处于一个怎么样的水平？答：中等水平，有好几个比我好的。"

四、如合议庭认为指控被告人皮某犯诈骗罪的证据确实、充分，则还应注意其具有从犯、立功、坦白、认罪悔罪、自愿退回全部工资收入并主动缴纳罚金、无前科劣迹、系初犯、偶犯以及在办案机关掌握的证据不充分的情况下，其如实交代有助于公安机关收集定案证据等法定、酌定的从轻、减轻或免除处罚情节，其符合适用缓刑的条件，建议对其作出罪责刑相适应的判决并适用缓刑

（一）被告人皮某在本案共同犯罪中起次要、辅助作用，系从犯，应依法从轻、减轻处罚或者免除处罚

我国《刑法》第27条规定："在共同犯罪中起次要或者辅助作用的，是从犯。对于从犯，应当从轻、减轻处罚或者免除处罚。"就本案而言：

1. 皮某作为公司员工，服从公司安排，应认定为从犯。

2.《起诉书》显示："该公司雇请皮某以及高某等十余名营销人员以女性身份注册微信号。"必须指出的是，皮某本人没有以女性身份注册过微信号，其使用的微信号均是由该店提供及前任员工留下来的微信账号。

（1）皮某的第1次《讯问笔录》显示："我从12月份开始正式上班，当时的工作内容都是我经理教我的，经理的名字叫作肖某，他教我怎么跟客户聊天和介绍地址、会所的服务。当时刚好有同事要走，他有一些手机要卖，我就跟他买了其中的2部手机，1台手机可以同时登陆8个微信账号，2台一共16个微信账号，我就是使用这16个微信账号跟客户聊天的，其中有一些微信账号被封了。经理教我使用这些微信的时候，以女性身份作为掩护，以女性的口吻跟客人聊天。"

（2）皮某的第3次《讯问笔录》显示："问：你使用的微信是谁提供的？答：是公司提供的，当时是肖某给我的。"

3. 皮某工作的内容系由公司进行培训，其本人只是根据公司的指示进行工作。

（1）皮某的第3次《讯问笔录》显示："问：他们是怎么教你的？答：他们叫我注册女性的微信号。我用的微信号是公司给我的。我一共有8个女性工作号。他们让我到销售办公室，然后让有经验的销售人员教我们，并给我们看他们的聊天记录。他们告诉我，我负责派发卡片，如果有人通过卡片加了我之后，我就把休闲会所的地点、服务项目、价格等内容发给对方，以女性的口吻和客人聊天。"

上述皮某的第3次《讯问笔录》显示："问：你们进公司是否

有专门的培训？答：每一个人进公司的时候，肖某和郑老板都会专门对那名员工进行一对一的培训，给其看和以前同事的聊天记录以及公司的聊天模板。如果跟客户聊天时没有模板，该员工通常都会向他们两个人请教。”

（2）皮某的第 4 次《讯问笔录》显示：“问：是谁培训网络销售人员的？答：郑某跟肖某都会培训，我来的时候是肖某培训我的，郑某则每天过来给我们开会，讲一下销售注意事项，教我们怎么回答客人提出的问题，怎么约客人成功率高。”

（3）肖某的第 2 次《讯问笔录》显示：“问：你有无培训网络销售招揽顾客？答：不是我培训的，是郑某开会培训的，我偶尔会在旁边听，顺带讲两句激励工作的话语。”

（4）郭某的第 3 次《讯问笔录》显示：“问：你们进公司有没有专门的培训？答：只要有人进公司，肖某和郑老板都会对其进行一对一的聊天培训，反正我进来的时候就是这样。老员工会给我们看他们的聊天记录，让我们学习并给我们公司聊天的模板。”

4. 被告人皮某在微信上跟客人聊天使用的“话术”均是由公司制作并提供的，皮某本人并未参与“话术”的制作及传播。

（1）高某的第 3 次《讯问笔录》显示：“问：你们与客户聊天是否有固定的话语和术语？答：有，就是公司给我们提供的模板。”

（2）皮某的第 3 次《讯问笔录》显示：“问：你们与客户聊天过程中是否有固定的话语和术语？答：有，就是公司给我们提供的模板，还会发 S 休闲会所的地点、服务项目、价格。”

5. 皮某发的卡片均由公司提供，皮某本人并未参与制作卡片。

（1）皮某的第 1 次《讯问笔录》显示：“问：你发的卡片是谁

提供的？答：公司提供的，经理交到我手上的。”

（2）皮某的第3次《讯问笔录》显示：“问：这些卡片是谁的？答：是公司做的，郑老板叫肖某帮我们做的。”

（3）皮某的第4次《讯问笔录》显示：“问：卡片是谁提供给你们的？答：卡片都是肖某找人印好，然后分发给我们的。”

（4）高某的第3次《讯问笔录》显示：“问：卡片是谁提供的？答：公司提供的，郑老板提供的。”

（二）被告人皮某具有立功情节，应依法从轻、减轻处罚

1. 最高人民法院《关于处理自首和立功具体应用法律若干问题的解释》第5条规定：“根据刑法第六十八条第一款的规定，犯罪分子到案后……协助司法机关抓捕其他犯罪嫌疑人（包括同案犯）；……应当认定为有立功表现。”

2. 根据最高人民法院《关于处理自首和立功若干具体问题的意见》的规定：“五、关于协助抓捕其他犯罪嫌疑人的具体认定犯罪分子具有下列行为之一，使司法机关抓获其他犯罪嫌疑人的，属于《解释》【注：该《解释》系指上述（法释［1998］8号）司法解释】第五条规定的“协助司法机关抓捕其他犯罪嫌疑人：……3. 带领侦查人员抓获其他犯罪嫌疑人（包括同案犯）的；4. 提供司法机关尚未掌握的其他案件犯罪嫌疑人的联络方式、藏匿地址的，等等。”

3. 公安机关出具的《抓获经过》显示：“2018年5月2日20时30分许，在嫌疑人皮某的配合下，在某区某街某号一楼抓获S公司的‘网络销售’人员高某，在其身上缴获手机3部。”

4. 通过法庭调查中被告人皮某的陈述可知，民警让其带路去

员工宿舍，由于其未在员工宿舍住宿，不知道宿舍地址。但其向民警提供了“高某知道宿舍地址”这一重要线索，公安人员在高某的带领下，找到宿舍并在现场查获卡片。

5. 皮某到案后，主动带领民警去公司经营场所抓获公司销售人员高某，另外，其向公安人员提供了找到宿舍的线索且公安人员据此找到宿舍并查获了名片，故应依法认定皮某具有立功情节，依据我国《刑法》第 68 条之规定，应依法对其从轻、减轻处罚。

（三）皮某到案后如实供述，系坦白，可从轻处罚

1. 皮某系被公安人员以钓鱼执法方式抓获，而非现场抓获。皮某的第 1 次《讯问笔录》显示：“问：你讲述一下抓获经过？答：我当时与一个男子联系，不知道他叫什么名字，跟他约定在某公交站台碰面，跟他会面之后，给他看了一下需要他派发的卡片，约定了派发工资为 50 元人民币。随后，我被赶来的民警抓获。”

2. 皮某到案后如实供述其罪行，根据我国《刑法》第 67 条第 3 款关于“犯罪嫌疑人……如实供述自己罪行的，可以从轻处罚；……”之规定，予以从轻处罚。

（四）皮某到案后直至庭审，均认罪悔罪，其自愿在家属协助下将工资收入全部退至办案机关并主动缴纳罚金。根据我国《刑事诉讼法》第 15 条关于“犯罪嫌疑人、被告人自愿如实供述自己的罪行，承认指控的犯罪事实，愿意接受处罚的，可以依法从宽处理”之规定，应依法从宽处理。

（五）皮某无前科劣迹，系初犯、偶犯

结合本案事实及其上述量刑情节，其符合我国《刑法》第 72

条规定适用缓刑的条件，建议对其宣告缓刑。

律师思考

本案辩护综合运用了无罪、轻罪、罪轻（量刑）三种辩护策略，即从公诉机关指控诈骗罪的证据未达到确实、充分的证明标准出发，论证指控的罪名不能成立。

在量刑辩护中，通过对案件材料细致、深度地梳理并结合庭审发问，使一审法院未采纳公诉机关对被告人皮某量刑畸重（13-15年）的量刑建议，采纳了辩护人关于其具有立功、从犯等从轻、减轻情节的全部辩护意见并适用缓刑。

未完成合作协议约定的义务不构成合同诈骗罪
——王某涉嫌合同诈骗案

案情简介

2014年12月25日，王某与S市DC资产管理有限公司（以下简称“DC公司”）签订《合作框架协议》，双方拟合作经营某新能源汽车有限公司（以下简称“新能源公司”），并就开展汽车生产与租售业务等内容进行了约定，其中王某负责办理取得新能源汽车生产与销售的资质，DC公司（董事长为周某）负责投融资。协议中明确约定：“在签订本协议之前，DC公司已经支付1200万元到新能源公司，由新能源公司借给王某，王某应向新能源公司开具借据并将借据移交DC公司保管。该笔款项同时作为本合作协议DC公司支付给王某的合作定金。”同时，协议还约定了王某返还借款的时间，即在王某取得优先分配利润之日起5个工作日内，王某需还清向新能源公司的全部借款。后期DC公司没有按照协议要求履行出资义务，王某也因各种客观原因没有完成协议约定的义务，最终导致项目未继续推进。随后，DC公司向公安机关报案，公安机关以涉嫌合同诈骗罪将

本篇撰稿人：刘安丽，贵州山一（正安）律师事务所主任。

王某刑事拘留。

律师策略

程序性辩护（审查起诉）——无罪辩护（一审）

思路一：程序性辩护，申请对犯罪嫌疑人不起诉

辩护人在审查起诉阶段向检察机关提交《不起诉法律意见书》，恳请检察机关对犯罪嫌疑人王某不起诉，理由简述如下：

1. 王某不构成合同诈骗罪，王某本人没有拿走 DC 公司转来的款项。

（1）新能源公司是依法成立的公司，该公司的字号是在 T 客车制造有限公司（以下简称“T 客车”）的授权下使用的。

（2）DC 公司打给新能源公司 1200 万元的真实用途是帮程某偿还李某的借款，以便让李某退出参与新能源公司的股份，从而让 DC 公司占有新能源公司的股份。

（3）上述款项实际转给了程某，程某已向 DC 公司承诺还款，同时程某本人有偿还该笔款项的能力。

2. 王某、程某与 DC 公司系经济合同纠纷，并非合同诈骗罪。

本案中，王某、程某与 DC 公司就该笔债权债务在协议、证明书、承诺函、银行流水中都有明确的记载，系典型的债权债务纠纷。债权人不能因为当事人暂时未还款就以合同诈骗罪立案处理，以此向当事人施压达到还款的目的。

3. 根据公安部《关于公安机关不得非法越权干预经济纠纷案件处理的通知》的相关规定，公安机关不得干预经济纠纷，把不属公安机关管辖的经济纠纷、债务纠纷立为诈骗案件，为一方当事人追款讨债，故意混淆经济纠纷与诈骗案件的界限，谋取私利；采取违法收审、扣押人质、非法拘禁等手段强行抓人。其行为严重侵犯了公民人身权利和合法权益，造成严重后果和极坏的社会影响。王某没有犯罪事实，公安机关以查处合同诈骗经济犯罪案件为名，直接插手干预经济纠纷案件，混淆了经济纠纷和经济犯罪的界限，错把经济纠纷当作诈骗经济犯罪来处理。

遗憾的是，检察机关没有采纳辩护人提出的上述意见，将案件移送法院审判。

思路二：案件一审开庭时作无罪辩护

通过会见被告人、阅卷，辩护人认为起诉书指控王某合同诈骗罪的事实不清、证据不足，王某不构成合同诈骗罪。理由简述如下：

1. 被告人王某并没有使用欺诈手段骗取对方当事人财物。

（1）1200万元的用途：在《合作框架协议》中明确约定新能源公司将该笔款项借给王某使用，并非属于单纯的项目投资款。

（2）DC公司打给新能源公司1200万元的真实用途是帮程某偿还李某的借款，以便让李某退出参与新能源公司的股份，从而让DC公司占有新能源公司的股份。

（3）DC公司与王某签订的是合作框架协议，也即合作意向书。合作双方由于客观条件，最终没有达到合作目标，不能因合作失败、钱款暂时没有返还，就说对方是合同诈骗行为。

2. 被告人王某没有非法占有的日的。

（1）王某最终未履行合同，是因客观原因导致无法依约履行，应排除在合同诈骗罪之外。

（2）新能源公司系T客车公司授权下成立，王某在与DC公司签完合作框架协议后，也在尽力完成其义务。

3. 1200万元的合同款项最终由程某掌握，王某没有非法占有、使用任何款项。

4. 要成立合同诈骗罪，在刑法中要求被害人由于被告人的诈骗行为而陷入错误认识，从而“自愿”交出财物，就合同诈骗罪而言，陷入错误认识的被害人只能是合同的相对人。本案合同的相对人DC公司认为自己上当受骗的原因，是被告人王某虚构了与T客车公司合作开发新能源汽车的事实，而并非王某占有T客车公司25%股份的虚假事实。因此，王某是否虚构占有T客车公司股份，与本案无关。王某也没有向周某谎称其已取得T客车公司的股权。

概括而言，被告人王某与被害人之间有合作协议和银行转款记录证明，双方有1200万元的借贷关系，新能源公司始终在积极履行合作协议约定的义务，不存在违约情形。被害人苦于没有合法的理由解除合同，拿回投资款，便以合同诈骗报案，欲以言词证据推翻客观证据，但被害人指控的内容前后矛盾，不能自圆其说，与证人证言也不能相互印证，不能排除合理怀疑。综上，辩护人恳请法院依法判处被告人王某无罪。

辩护效果

一审开庭时，辩护人提交多份书证，证明王某依约履行合同义务。开庭后3个月，检察院以“证据发生变化”为由，向法院递交了撤回起诉决定书，决定撤回对被告人王某的起诉。

辩护心得

1. 紧紧围绕非法占有为目的进行辩护。

根据最高院于2001年1月21日印发公布的《全国法院审理金融犯罪案件工作座谈会纪要》的规定，对于确定金融诈骗犯罪之非法占有目的的认定要素：（1）明知没有归还能力而大量骗取资金的；（2）非法获取资金后逃跑的；（3）肆意挥霍骗取资金的；（4）使用骗取的资金进行违法犯罪活动的；（5）抽逃、转移资金、隐匿财产，以逃避返还资金的；（6）隐匿、销毁账目，或者搞假破产、假倒闭，以逃避返还资金的；（7）其他非法占有资金、拒不返还的行为。但是，在处理具体案件的时候，对于有证据证明行为人不具有非法占有目的的，不能单纯以财产不能归还就按金融诈骗罪处罚。结合本案的事实和证据，王某的行为并不具备其中任何一点非法占有的目的要素。根据《合作框架协议》的约定，这1200万元是借款也是定金，辩护人认为，协议既没有约定这1200万元是合作经营专项资金，也没有限定借款的用途，所以王某和程某将这笔借款用于偿还个人债务或者其他用途，理所当然，既不违约，也不违法。

2. 王某没有虚构事实，强调虚构的事实与被害人自愿交出财物没有刑法意义上的因果关系。

本案能够证明王某曾经说过占有T客车公司25%股份的是证人李某和段某。公诉机关根据这两个证人的证言认定：“王某向周某谎称其已取得T客车公司25%股权。”可是周某不承认王某说过这类话，也没有证据能够证明周某由于相信了王某占有T客车公司的股权而产生错误认识并与之合作。所以，被害人自己都不承认被告人王某虚构其占有T客车公司25%股权的虚假事实。对于诈骗犯罪，在刑法中要求被害人由于被告人的诈骗行为而陷入错误认识，从而“自愿”交出财物，就合同诈骗罪而言，陷入错误认识的被害人只能是合同的相对人。本案合同的相对人DC公司认为自己上当受骗的原因是被告人王某虚构了与T客车公司合作开发新能源汽车的事实，而并非王某占有T客车公司25%的虚假事实。王某是否虚构其占有T客车公司的股份，与本案无关，王某也没有向周某谎称其已取得T客车公司的股权，因此王某的行为不具有诈骗罪的行为特征。

3. 现有证据无法排除该合理怀疑，即存在“真伪难辨”之情形，导致案件无法作出无可辩驳的结论，进而形成有罪判决，检察机关只好撤诉。

在本案中，DC公司向新能源公司转款1200万元，2015年2月11日，DC公司又向新能源公司转款490万元。公诉机关认为，2014年12月被告人王某骗取了DC公司1200万元，2015年2月王某为掩盖诈骗行为并继续实施诈骗490万元。那么在490万元的转款行为发生之前,DC公司是否知道1200万元已经挪作他用?根据我们的调查，DC公司完全可以通过“证书登录”的方式登录网上银行，再通过“账户查询”进入“明细”，查看新能源公司往期的交易记录，其应当知道该1200万元的去向。但周某直到2015年5月才启动尽职调查，唯一的合理解释，就是周某认可该1200万元借款性质。综上可知，被害人苦于没有合法的理由解除合同，拿回投资款，便以合同诈骗报案，欲以言词证据推翻客观证据，但被害人指控的内容前后矛盾，不能自圆其说，与证人证言也不能相互印证，不能排除合理怀疑。

4.在司法实务中，如果有完全履约能力，但行为人只履行一部分，其不完全履行的目的旨在毁约或避免自身损失或由不可避免之客观原因造成，此时辩护人应当朝民事欺诈行为方面辩护；但是如果其部分履行意在诱使相对人继续履行，从而占有对方财物，侦查机关肯定会将其认定为合同诈骗行为，这就需要辩护人去寻找证据材料。

还有一种情况是，如果有完全履约能力，但行为人自始至终无任何履约行为，反而以欺骗手段让对方当事人单方履行合同，占有对方财物，应当会认定为合同诈骗；如果有部分履约能力，同时亦有积极的履约行为，即使最后合同未能完全履行或完全未履行，辩护人应朝民事欺诈行为方向去辩护。当然，如果行为人的履约行为本意不在于承担合同义务而在于诱使相对人继续履行合同，从而占有对方财物，可能会被侦查机关认定为合同诈骗行为；如果对方签订合同时无履约能力，之后仍无此种能力而依然蒙蔽对方，占有对方财物的，应认定为合同诈骗行为。

律师思考

刑事辩护人首先应具有无罪思维，用无罪的视角审视案件，才会在最大限度上发现当事人无罪或罪轻的证据，再根据案件的事实与证据，最终确定是作无罪辩护还是罪轻辩护。辩护人认为，罪轻辩护的方式通常不能实现无罪结果。

但存在两种例外：（1）犯罪情节显著轻微，危害不大，不认为是犯罪的，此时实际上仍然是无罪辩护；（2）辩护人认为构成犯罪，选择罪轻辩护，最终办案机关基于案件事实、证据、法律适用认为不构成犯罪，此种情形对于辩护人来说是极为尴尬的，即无罪结果与律师辩护之间没有关联性，是典型的无效辩护。

有效的无罪辩护存在两种情形：（1）实现全案的无罪结果；（2）基于案件本身或案外因素，虽然无法实现无罪结果，但辩护人以无罪辩护意见，促使办案机关“折中”处理，作出轻判，我们通常称之为“策略性无罪辩护”。在论证当事人不构成诈骗罪的前提下，以无罪辩护意见，促使法院发现认定诈骗罪在事实、证据、法律适用上存在的问题，即便最终法院作出有罪判决，也更易达到从犯的认定和减轻处罚的判罚。

律师现场调查取证在辩护中的重要性
——李某涉嫌合同诈骗、诈骗案

案情简介

某县检察院指控以下事实：邹某代表Y公司与被告人李某签订了3285万元的《设备代理采购协议书》，由李某在负责代购Y公司的设备。李某在履行合同过程中，采取虚报设备数量、价格等欺骗手段，将355.18万元非法转移、占有、挥霍。李某隐瞒实际购买设备380.6万元的事实，虚造3585万元的设备结算清单与Y公司结算，虚构Y公司欠款2039万元未给付，公诉机关认为李某以非法占有为目的，在签订、履行合同过程中，骗取财物，数额特别巨大，应当以合同诈骗罪追究其刑事责任。某县法院一审判决认为，李某的行为构成合同诈骗罪，但其因意志以外的原因导致诈骗犯罪未得逞，属于犯罪未遂，判处李某有期徒刑10年，并处罚金人民币20万元。李某不服一审判决提起上诉，某市中级法院裁定撤销一审判决，案件发回某县法院重新审判。辩护人开始介入该案，经阅卷、现场调查取证、多次会见后，辩护人向某

本篇撰稿人：何伟群，北京市盈科（深圳）律师事务所高级合伙人律师；叶启富，北京大成（深圳）律师事务所律师。

县法院提交《鉴定人出庭申请书》并附上现场调查获得的新证据，调整了辩护策略和相关意见，某县法院重新审判后认为公诉机关指控李某合同诈骗罪不成立，判决李某构成诈骗罪（未遂），判处有期徒刑4年，并处罚金15万元。李某不服重新审判后的一审判决，辩护人代为上诉，经某市中级法院审理后，判决李某无罪。

律师策略

策略一：律师现场调查取证助力调整原审辩护思路，达到有效辩护的目的

原审一审法院以李某的辩解不能作出合理解释、原审辩护人提出的辩护意见与客观事实不符为由，最终判决李某构成合同诈骗罪，判处有期徒刑10年，并处罚金20万元。辩护人介入本案时，本案已经发回重审并且一审即将开庭，时间非常紧迫。辩护律师通过仔细研究判决和阅卷材料发现，原审辩护人主张李某转移的款项不是设备款，而是佣金，原审辩护人的辩护意见与李某自行辩护的意见不一致，且辩护意见又没有证据证明，最终导致法院判决李某构成合同诈骗罪，获刑10年以及罚金20万元。对此，辩护人认为原审辩护人在辩护策略上可能存在较大的失误。

案件被发回重审，辩护人介入后认为本案需要积极大胆地调整一审辩护思路和策略，否则发回重审后的结果很可能是维持原审有罪判决或者指控罪名成立、量刑减少幅度较小。因为我国法院审判程序的主要特点是“听讼”，法官“听讼”局面的形成取决于控辩双方能否围绕犯罪指控各抒己见，而本案中辩护律师“畅抒己见”本来就已经处于劣势——本案已经进入到了审理阶段，侦查机关、公诉机关均没有提交新的证据，重新组成合议庭的法官也没有实地调查核实有关情况，法官基于原有的指控证据和判决结果，可能对案件有先入为主的看法和预判，进而有可能影响重新判决的结果。此时，辩护律师现场调查取证的重要性和必要性就凸显出来，因为只有律师积极进行现场调查取证，才有可能发现公诉机关的指控证据是否确实充分、李某在原审提出的主张和观点有无新证据证明。可以说，律师现场调查取证在部分刑事案件辩护实质化和有效化进程中是很重要的促进工作，律师现场调查获取的证据及线索，很可能直接影响法官的看法，甚至改变原审的判决结果。

策略二：现场调查取证力挽狂澜，攻破犯罪检验体系的构成要件层次，成功实现无罪辩护

一、关于李某不构成合同诈骗罪的辩护要点

1. 李某总支出大于总收入，客观上没有从中获利。

辩护人根据现场调查取证发现：李某收到邹某、周某支付款项共计 790 万元后，李某的总开支（含给邹某的 211.6 万元）接近或大于 790 万元。这意味着李某没有从中获利，甚至自己垫付了部分款项。理由如下：

其一，辩护人查阅、比对原有指控证据后发现：如果按照李某《讯问笔录》的供述，李某用 520 万元代购的设备，转账给邹某 221.6 万元，剩余 54.22 万元。通过现场调查取证和统计发现，李某的总开支（含给邹某的 211.6 万元）接近 790 万元。

其二，辩护人根据现场调查的证据，发现：李某收到 790 万元后，实际总开支（含给邹某的211.6万元）大于790万元。辩护人亲自前往Y公司对李某购买及雇人安装的设备进行现场调查取证，通过比对《司法鉴定意见书》，发现鉴定机构存在遗漏鉴定部分设备及其他其他物品（例如样品、辅料）的价格、部分设备鉴定价格错误、遗漏鉴定部分开支事项（例如设备安装费用等）、设备鉴定价格偏低等情况。为此，辩护人带着现场调查的证据去会见李某，向李某核实购买设备、其他物品的价格以及雇人安装调试设备费用情况，重新统计了李某的实际总开支，结果是支出了1000余万元（含给邹某的211.6万元）。

综上可知，李某不但没有从中获利，反而垫付了部分款项，《司法鉴定意见书》及其他指控李某有罪的证据与事实不符，不能作为法院判决李某构成犯罪的事实依据。

2. 被告人主观上不存在非法占有购买设备款的目的。

公诉机关指控李某非法转移、占有、挥霍购买设备款355.18万元（其中李某获得133.58万元、邹某获得221.6万元）。但是，在案的部分证据以及律师现场调查获得的证据，可以证明李某不存在非法占有购买设备款的目的。理由如下：

其一，辩护人整理在案的言词证据（被告人的供述与辩解、证人证言）时，发现李某不知道邹某转账的购买设备款的来源，即没有参与邹某骗取他人合同保证金的过程。

其二，李某收到购买设备款后，没有携款逃匿，除去汇给邹某的221.6万元之外，李某将大部分款项即445万元都用于代Y公司购买设备、安装设备等，即履行了《设备代理采购协议书》的主要义务。

其三，李某转给邹某的211.6万元，合法合理，不属于合同诈骗。因为邹某是Y公司的实际控制人，邹某以购买电梯、锅炉、变压器为由要求李某返还相关款项，李某没有理由不返还，也无权拒绝。律师经现场调查发现，Y公司确实购买并安装了电梯、锅炉、变压器。

其四，涉案的协议书、采购清单、结算表是合同的一部分，不能作为认定李某构成合同诈骗罪的事实依据，况且结算表没有盖章或法定代表人签字，不具法律效力。

二、关于李某不构成诈骗罪的辩护要点

1. 某县法院认为，被告人李某以非法占有为目的，与邹某共同捏造“邹某向其借款300万元、给其现金156万元”，与事实不符。因为邹某让李某按其要求起草结算单，李某不知道该结算单的用途，故李某不存在与邹某共谋意图诈骗的行为。

2. 李某没有向Y公司催要过设备款945.8591万元。

3. 某县法院认为，因邹某骗取他人合同保证金导致案发，李某由于意志以外的原因而诈骗犯罪未得逞，与事实不符。因为邹某案的案发时间为2015年2月17日，而李某被民警抓捕的时间为2015年4月6日，李某在被抓捕前一直在Y公司安装设备，所以不存在因为邹某案案发而导致李某诈骗未遂的情形。

4. Y公司、周某并没有以诈骗罪受害者的身份向公安机关报案，结算单不能证明Y公司、周某是李某诈骗的受害者。

5. 结算单是李某单方出具，结算单上没有Y公司盖章及公司法定代表人周某签字确认，表明双方没有对已购买安装的设备进行盘点、结算，李某不可能仅凭该结算单就向Y公司索要相应的款项，且按常理，Y 公司也不可能仅凭该结算单向李某支付欠付的设备款。

辩护效果

本案发回重审后，辩护人以调查取证的设备照片作为新证据，充分利用有利的在案证据，论证公诉机关指控被告的事实和罪名不成立，最终一审法院采纳辩护人的辩护意见，认定公诉机关指控被告的罪名不成立，一审法院判决被告人构成诈骗罪，量刑远远低于原审结果。之后，辩护人代为上诉，二审法院经审理最终认定被告人李某无罪，即均不构成合同诈骗罪、诈骗罪。

辩护心得

《刑事诉讼法》肯定了辩护律师的调查取证权，第 43 条确立了我国辩护律师调查取证的两种基本模式——自行调查和申请调查。其中，自行调查是指辩护律师经证人或者其他有关单位和个人同意，可以向他们收集与本案有关的材料；若被调查人是被害人或者其近亲属、被害人提供的证人，辩护律师还必须经检察院或者法院的许可。辩护律师可以申请检察院、法院收集、调查证据，或者申请法院通知证人出庭作证，而这就是律师调查取证的后一种模式，即申请调查。《刑事诉讼法》第 41 条规定，辩护人认为在侦查、审查起诉期间公安机关、人民检察院收集的证明犯罪嫌疑人、被告人无罪或者罪轻的证据材料未提交的，有权申请人民检察院、人民法院调取。

法律赋予辩护律师调查取证权，有利于矫正侦查、起诉机关的取证偏向，可以说，国家机关取证和辩护律师调查取证构成了刑事案件调查的二元结构，两者的互相配合和互相制约，能够使调查结论最大限度地接近和还原事实真相，实现实体和程序公正。辩护人认为，在部分刑事案件中，律师现场调查取证的重要性尤为突出，故辩护律师应充分利用法律赋予的权利，去实现有效辩护的目的。

律师思考

孟德斯鸠在《论法的精神》一书中指出的："一个人，即使是最卑微的人的生命也应受到尊重。即使是在国家控诉他的时候，也应给予他一切可能的手段为自己辩护。"然而，被追诉人往往并不掌握法律方面的相关知识和基本素养，加上绝大多数被追诉人身陷囹圄，其"为自己辩护"的权利实际上处于主观上无能行使、客观上也不便施展的状态。这就需要辩护律师根据案件实际情况，适时、合法地行使律师调查权，寻找对被追诉人有利的证据，让辩护意见有理有据，方有可能说服法官改变原来的判决结果，实现全面维护犯罪嫌疑人、被告人合法权益之目的。

实践中，不少律师谈取证色变，怠于取证，或许是因为"调查取证"风险大——个别律师同行因不依法调查取证而获罪。律师调查取证固然有风险，但这是职责所在，不应就此罢手，因噎废食不可取，只要方法得当，未尝不可一试。

深度挖掘并揭露起诉事实中无法排除的合理怀疑，以重构事实的方式辩护
——陈某涉嫌诈骗案

案情简介

2014年，被告人吴某、陈某因共同投资B区绿达砖厂、N区板栗园仓储以及为他人运作项目失败，欠下高额债务。2016年3月至2017年9月期间，二被告人为偿还债务，利用投标人急于承接工程的心理，以暗箱操作能揽到工程项目为名，共同或分别骗取被害人的劳务咨询费，为取得被害人的信任，二人还利用某建设项目管理咨询有限公司L分公司账户进行收款。二被告人共同或单独的犯罪行为造成九名被害人财产损失2300万元，其非法所得大部分用于偿还二被告人的债务，其余部分用于个人花销，至今无法偿还。后二被告人对被害人避而不见更换手机号码后离开L市，去往N市、Y省等地躲避。

本篇撰稿人：陆晓源，北京市盈科（深圳）律师事务所专职律师。

律师策略

一、深入了解案件所涉及的行业，深度地、全方位地挖掘案件存在的无法排除的合理怀疑，有针对性地制定辩护策略

被告人行为时的工程招投标现状、行业环境、规矩、规则、商业模式等因素都是判断其是否存在刑法上虚构事实或者隐瞒真相的基础。经申请公安机关、检察机关补充侦查无果后，辩护律师谨慎地且有针对性地开展调查工作：全面查询涉案工程招投标的信息公开、上网公告、招投标程序等全流程；全面查询被告人近年来接受他人委托进行中标操作的全部工程、成败情况；深入了解工程招投标行业的规矩、规则，重点是“潜规则”；了解案件举报人（被害人）的工程项目招投标经历。

辩护人经调查、审查案卷后发现，本案存在大量无法排除的合理怀疑：

1. 本案工程全部真实存在，不存在虚构。全部工程招投标信息必须网上公开，代理招投标的具体是哪家公司，也是网上公示的内容，不具有可以隐瞒真相的空间。公诉机关认为被告人存在虚构事实、隐瞒真相的行为，无法排除合理怀疑。

2. 本案被害人均多年从事工程项目招投标建设，理应熟悉招投标的程序，也知晓资质条件等因素会如何影响中标结果，因此被害人是否存在陷入认识错误存在疑问，是否基于认识错误而交付财物，亦存在合理怀疑。

3. 被告人接受委托的工程中，既有成功案例，也有失败案例，而本案的被害人恰好是失败案例中的一部分。通过比较成功案例与失败案例，二者其实没有本质不同，被告人的合同履行方式也基本一致，公诉机关指控被告人不具有合同履行能力，无法排除合理怀疑。

4. 被害人与被告人签订的委托合同明确约定，如果不中标，应当全额退款。当不中标时，被害人与被告人又另行约定，把之前的钱款性质转为高息借款，所以到底是被告人虚构自身能力假象，还是被害人在交付钱款时其实就已经认识到不中标的风险，存在合理怀疑。

5. 委托合同款转为借款后，被告人在能力范围内持续支付利息，公诉机关指控其逃避还款责任，具有非法占有的主观故意，存在合理怀疑。

辩护人通过深入挖掘和剖析本案存在的不合理怀疑之处，已经触动到案件证据体系的基本框架，因此制定了“事实重构”的辩护策略，进行无罪辩护。

二、巧妙运用刑事证据规则，揭露被害人陈述的虚假性，攻击整个证据体系，同时通过揭示被害人出于经济利益而报案动机不纯、公安机关诱导式问话取证等，切割共同犯罪

辩护人通过审查比对被害人陈述，发现诸多不真实的地方。例如，本案侦查人员多次以诱导方式问话进行询问，严重倾向于被害人一方。各被害人陈述先是明显不一致，后逐渐趋向于一致，如果真如被害人所说，其在案发之前就已经明知陈某是本案的主谋，被害人应该在最初报案之时就告诉公安机关。但是本案却是吴某立案在先，近 1 年之后，被害人才转而指向陈某，于是公安立案侦查，这不符合常理。蹊跷的是，当吴某无法全部退赔时，各被害人的陈述却在相近的时间点出现了出奇的一致，突然指向陈某，所以被害人陈述的真实性存在疑问，陈某是否为案件主犯的事实亦存在合理怀疑。

三、全面叙述事情的来龙去脉和事件发展经过，重构全案事实，有理有据地讲述辩方故事，并充分论证起诉证据不足、证据体系不完整的理由

辩方的故事，是以己方当事人的辩解为轴心，辅以同案被告的辩解以及其他有利证据展开。通过对事件的前因后果进行事实添加和构建，充分论证了：

1. 现有证据无法证实合同是在被告人明显不具有合同履行能力的情况下所签订的。

被告人是否具有合同履行能力帮助特定关系人中标，关键在于其能否在对招标工程信息掌握的基础上，最好地匹配相应投标人的能力资质，例如对工程造价预算、工程量甚至其他投标方报价等信息的了解情况，根据收集到的信息如何制作更有优势的标书等，都会极大影响到最终的中标结果。被告人多次以此方法帮助他人中标，已经说明此方法是有效的，因此无法认定被告人一定不具有合同履行能力。

2. 现有证据无法证实，陈某在签订合同之后，既没有积极履行合同义务，也没有具体行动去争取实现合同目的。由于工程招投标的本质是信息、能力资质和资源的较量，所以行为人为了获取信息而整合资源的全部行为，都应当视为在履行合同义务。

3. 现有证据无法认定被告是在明显不能承担合同违约责任的情况下，作出虚假退款承诺，以此非法占有他人财物。不能一概地认为在资金周转过程中“拆东墙补西墙”的行为就是非法占有。如前文所述，如果在后收取的咨询费部分用于偿还之前不成功中标工程的退款，那退款行为本身就属于实际经营的一部分，不间断地还款本身就是持续经营的体现，排除了行为人根本不打算履行合同、不打算退还中介费的非法占有目的。

辩护效果

公安机关移送起诉的 2300 万元犯罪数额，检察机关仅起诉指控其中的 1050 万元，最终法院仅认定陈某诈骗数额为 298 万元。

辩护心得

1. 找准法院审理案件、查清事实的痛点，主动协助法院查清事实，尽可能引导法官进入辩护人的思路。

辩护人必须协助审判机关尽可能地熟悉案件所涉及的行业（例如本案的工程招投标行业），正确认知影响工程中标的真正决定性条件和因素，正确理解工程能否中标的本质。因此，把被告人的行为放到整个大背景中去评价，防止审判机关孤立地以招标结果成功与否反向推导被告人不具有合同履行能力，并以此推定非法占有主观故意的成立。

2. 法律论证应充分结合事情的前因后果，防止孤立地看待和评价单一事实。

在本案中，判断被告人到底有没有合同履行能力，要充分摸排行业景象、商业模式、被告人自身条件；判断被告人是否具有非法占有目的时，要充分掌握被告人的资产情况、偿还意愿、行为和能力。通过辩护人的全面阐述，让法院无法排除被告人一定不具有合同履行能力，无法排除被告人没有实际履行合同的行为，也无法排除被告人一定不具有债务清偿能力。

3. 大胆设问，严谨求证。找准时机，进行事实重构型辩护，全面推翻起诉指控的事实。

刑事责任的认定，应当是考察事情的全过程。事实重构型辩护，可以以被告人的辩解为主线，结合其他证据。尤其是要以己方当事人的辩解为主线，结合其他被告人的辩解，充分利用其他有利证据，在论证中揭示事实，在对真实事实的描述中驳斥不利证据和事实。

律师思考

被害人陈述大面积失真是本案的一大特点。辩护人根据经验法则，分析单个言词证据不符合常识、常情、常理之处；再运用逻辑法则，指出证据与证据之间存在的重大矛盾，关键事实与其他在案证据存在无法排除的重大矛盾，案件存在的矛盾和疑点无法得到合理排除，案件事实结论不具有唯一性，公诉机关指控的事实未能达到刑事诉讼对案件事实结论应当坚持“唯一性”证明标准。

根据总体辩护意见，分析单个证人在总体辩护意见中所占据的位置，结合证人的立场、个人基本情况、性格、年龄、学历等因素，预测其处境和动机，确有必要时，大胆向法院申请其出庭，不仅有利于弹劾不利证人，且有利于法庭查清案情，增加辩护律师在法庭上“讲述故事”的可信度。

行政法规的修订对辩护策略的影响
——王某涉嫌销售假药案

案情简介

被告人王某被举报在淘宝网店销售假药。2017年7月，王某在家中被公安干警抓获，并当场缴获“法国双飞人药水”“千里追风油”“近江兄弟软膏”等港药一批及电脑主机等物品。在其家中缴获的涉案药品，按照实际销售价格，价值人民币57338元。根据电脑销售记录显示，其于2014年开始在淘宝网店上销售未经批准进口的香港药品，销售金额共计人民币270万元。经有关部门认定，上述药品属于《药品管理法》(2015年4月24日修正)第48条第3款第2项规定的“应当经批准而未经批准生产、进口的药品”，应按假药处理。

律师策略

程序性辩护（侦查、审查起诉）——罪轻辩护（一审）——无罪辩护（二审）——无罪辩护（发回重审）

本篇撰稿人：邓海涛，广东海际明律师事务所合伙人律师；刘晓安，盈科全国刑事委员会副主任、盈科（深圳）管委会副主任、股权高级合伙人律师。

思路一：程序性辩护

申请对犯罪嫌疑人不批捕、羁押性必要审查。

2017年8月，辩护人在侦查阶段向检察机关提交《不予批准逮捕法律意见书》，恳请检察机关对犯罪嫌疑人王某不予批准逮捕，理由简述如下：

1. 本案不符合《刑事诉讼法》第74条逮捕的条件，采取取保候审等方法足以防止发生社会危险性。

（1）犯罪嫌疑人王某涉嫌的罪名为销售假药罪，系非暴力性犯罪，采取取保候审不具有社会危险性。

（2）王某没有实施新的犯罪的可能性。王某在被拘留之前法律意识淡薄。王某主观上认为，她进的货都是正品，不是假药，不会危害消费者身体健康，未曾想到会触犯国家的刑法。此次教训深刻，她再也不会犯这样的错误，更不会实施新的犯罪。

（3）王某销售的上述药品已经被公安机关查获，不存在毁灭、伪造证据，干扰证人作证或者串供的可能。

（4）王某销售的药品均为正品，从香港拿货。本案并没有被害人、举报人与控告人，不存在对上述人员的打击报复行为。

2. 根据《人民检察院刑事诉讼规则》的相关规定，对王某应当作出不批准逮捕的决定或者不予逮捕。

遗憾的是，检察机关没有采纳辩护人提出的上述意见。

在犯罪嫌疑人王某被逮捕后，辩护人于2017年9月15日再次向检察机关提交《羁押必要性审查申请书》，请求对犯罪嫌疑人王某进行羁押性必要审查，依法对其变更强制措施。理由简述如下：

（1）根据《人民检察院办理羁押必要性审查案件规定（试行）》，王某所涉犯罪案件事实基本查清，证据已经搜集固定，符合取保候审的条件，人民检察院应该向办案机关提出变更强制措施的建议。

（2）王某符合取保候审的条件，变更其强制措施为取保候审不致发生社会危险性。

①犯罪嫌疑人王某可能判处拘役或有期徒刑以上刑罚，采取取保候审不致发生社会危险性。王某涉嫌的罪名为销售假药罪，系非暴力性犯罪，采取取保候审不具有社会危险性。王某所销售的产品均为外用药膏，均是从香港进货，品质没有问题，对人体不会产生危害。

②王某于去年年底开始销售上述外用药品，销售额一直较低，其中部分销量还是其刷单所为，故王某销售金额较小，未达到《刑法》第141条规定的“其他严重情节”中关于销售金额的规定。

③王某销售以上产品并未对人体健康造成严重危害，也不属于《刑法》第141条认定的其他严重情节，更不属于最高人民法院、最高人民检察院《关于办理危害药品安全刑事案件适用法律若干问题的解释》第1条认定的应当酌情从重处罚的情形。

3. 根据《人民检察院办理羁押必要性审查案件规定（试行）》，王某属于主观恶性较小的初犯且符合具有悔罪表现，不予羁押不致发生社会危险性这一必备条件，人民检察院可以向办案机关提出释放或者变更强制措施的建议。

辩护人提交羁押必要性审查意见书后，检察机关依法对王某进行羁押必要性审查，随后对王某变更强制措施为取保候审。

思路二：罪轻辩护

此为《药品管理法》在2019年8月26日修订前的一审辩护思路。

2017年7月底，被告人家属委托律师为被告人王某辩护。此时的《药品管理法》（2015年4月24日修正）第48条规定："禁止生产（包括配制，下同）、销售假药。有下列情形之一的，为假药：（一）药品所含成份与国家药品标准规定的成份不符的；（二）以非药品冒充药品或者以他种药品冒充此种药的。有下列情形之一的药品，按假药论处：（一）国务院药品监督管理部门规定禁止使用的；（二）依照本法必须批准而未经批准生产、进口，或者依照本法必须检验而未经检验即销售的；（三）变质的；（四）被污染的；（五）使用依照本法必须取得批准文号而未取得批准文号的原料药生产的；（六）所标明的适应症或者功能主治超出规定范围的。"

根据上述第48条第2款第2项规定，被告人王某销售的港药未经批准而进口、销售，应按照假药论处。检察机关据此对被告人王某提起公诉，诉请法院根据销售的金额进行定罪量刑。

在此种情况下，辩护人的辩护思路如下：

1. 对于在家中查获的57388元药品部分，事实清楚、证据充分，被告人本人认罪认罚。

2. 对于淘宝店铺的销售金额，因货物已经销售，对于是否为假药，不能得出唯一结论，加之电子数据的收集、提取不合法，按照“疑罪从无”的原则，对于淘宝店铺中统计的销售金额不应认定为销售假药的金额。

3. 即使要认定淘宝的销售金额，根据2014年12月1日施行的最高人民法院、最高人民检察院《关于办理危害药品安全刑事案件适用法律若干问题的解释》中关于溯及力的规定，被告人王某于2014年12月1日以前的销售额应当予以排除。

4. 被告人王某销售的是未经批准进口的“港药”，而非实质上的假药，对社会大众的身体健康没有造成威胁，也未造成任何危害后果；对《刑法》所规定的销售假药罪背后所保护的主要法益未造成任何侵犯，根据《刑法》的罪责刑相适应原则和谦抑性原则，即使本案认定为犯罪，也应当适用“处三年以下有期徒刑或者拘役，并处罚金”的最低档法定刑来量刑。

审判结果：一审法院认定被告人王某犯销售假药罪，判处有期徒刑10年，并处罚金人民币20万元。

思路三：无罪辩护

二审期间［此时《药品管理法》（2019年8月26日修订）尚未通过］，如还在案件数额等量刑情节上作重点辩护，难以达到有效辩护的结果，故辩护人从刑法理论分析着手，作无罪辩护。理由简述如下：

1. 销售没有批文的进口药品的行为不应当认定为犯罪，或者即使认定为销售假药罪，也应当适用法定最低刑，不能适用升格的法定刑。

2. 依据《刑法》第141条规定的字面含义认定销售没有进口批准文号的药品成立犯罪，虽然可能符合罪刑法定原则的形式侧面，但是实际上违反了罪责刑相适应原则，因而并不可取。

3.《刑法》第 141 条的规定的生产、销售假药罪属于典型的自然犯与法定犯一体化规定，如果将销售没有进口批文的药品（法定犯）与真正的假药（自然犯）无差别地适用法条，必将导致量刑的不公正，违反罪责刑相适应原则。

4. 刑法只处罚值得科处刑罚的违法且有责的行为，销售没有进口批文的药品并不符合《刑法》第 141 条规定的犯罪构成要件，未达到值得科处刑罚的违法性与有责性。

审判结果：二审法院采纳了律师的辩护意见，以原审判决事实不清、证据不足为由，裁定发回一审法院重新审理。

思路四：无罪辩护

发回重审期间，此时《药品管理法》（2019 年 8 月 26 日修订）已通过，但还未生效（2019 年 10 月 1 日生效）。故辩护人从新修订的《药品管理法》相关规定着手，作无罪辩护。

1.2019 年修订的《药品管理法》第 98 条规定："有下列情形之一的，为假药：有下列情形之一的，为假药：（一）药品所含成份与国家药品标准规定的成份不符；（二）以非药品冒充药品或者以他种药品冒充此种药品；（三）变质的药品；（四）药品所标明的适应症或者功能主治超出规定范围。"

2. 2019 年修订的《药品管理法》第 98 条第 4 款以及第 124 条规定，未取得药品批准证明文件而进口药品的，行为人将被课以相当的行政处罚，但并不包括刑事责任。此外，未经批准进口少量境外已合法上市的药品，情节较轻的，甚至可以依法减轻或者免予处罚。

综上所述,2019 年修订的《药品管理法》直接删除了以往“必须批准而未经批准生产、进口的药品按假药论处”的规定，按照药品本身的功效、成份、适应症等实质因素，界定是否属于“假药”。若不存在上述四个情形，则不符合“假药”的相关规定。

本案中，被告人王某所销售之“港药”，属于应当经批准而未经批准生产、进口的药品，不是 2019 年修订的《药品管理法》中定义的“假药”，故不满足《刑法》第 141 条第 2 款所规定的“假药”。根据新法的具体规定及立法精神，王某不构成销售假药罪。

审判结果：一审法院重审后采纳律师提出的不构成销售假药罪的辩护意见，但认定被告人王某违反国家规定，未经批准许可销售进口港药，扰乱市场秩序，情节特别严重，构成非法经营罪，判处有期徒刑 5 年，并处罚金人民币 10 万元。

辩护效果

审查起诉阶段，检察机关根据律师的申请对王某进行羁押必要性审查，随后对王某变更强制措施为取保候审。

一审法院认定被告人王某犯销售假药罪，判处有期徒刑 10 年，并处罚金 20 万元。

二审法院认为原审判决事实不清、证据不足，裁定发回一审法院重新审理。

一审法院重审后认定被告人王某犯非法经营罪，判处有期徒刑 5 年，并处罚金 10 万元。

辩护心得

一、重视程序性辩护

凡是依据刑事诉讼程序提出的主张和申请，都可以归入程序性辩护的范畴。一切依据《刑事诉讼法》进行的程序抗辩活动，如申请回避、申请变更管辖、申请证人出庭作证、对在押犯罪嫌疑人、被告人申请取保候审、进行强制羁押必要性审查等等，都属于广义的程序性辩护活动。

在侦查阶段，辩护人可以根据案件性质、个案情节、犯罪嫌疑人或被告人的个人情况等提出不予批捕的法律意见，争取检察机关作出不予批捕的决定，降低羁押率，减少因羁押对当事人及其家庭、企业的生活、经营活动带来的巨大影响。即使不被采纳，也要在不同阶段依法提出相应的程序性法律意见，比如向检察机关提出申请羁押必要性审查的辩护意见，争取对被告人取保候审，减少被羁押的时间。就本案而言，历经一审、二审、发回重审，历时 2 年才最终尘埃落定，如果被告人一直羁押在看守所，对其本人的身体及家庭生活影响甚大。

二、犯罪数额多少决定了刑期的长短，故对犯罪数额的罪轻辩护应从证据上着手

起诉书中直接将王某淘宝店铺中的累计销售金额 2708707.91 元作为销售假药的金额予以认定，并未达到犯罪事实清楚、证据确实充分的要求，上述金额不应作为销售假药的金额予以认定。理由如下：

1. 王某的大多数销售记录为刷单行为，并未进行真实销售，

不能作为销售假药的金额予以认可。

2. 起诉书中从王某住处缴获的涉案药品中，名称为“你好梦”的产品不属于药品，没有药品的相关证号，该产品属于医疗器械，该金额应当予以扣除。

3. 相关部门对查获药品的鉴定，仅能证明王某家中查获的产品是属于未标示任何药品批准生产或进口文号的药品。对查获药品的鉴定并不能证明王某曾经销售的药品就应按假药处理。

4. 关于电子数据的收集、提取不合法，该部分证据应不予采信。

根据最高人民法院、最高人民检察院、公安部《关于办理刑事案件收集提取和审查判断电子数据若干问题的规定》，收集、提取电子数据，应当根据《刑事诉讼法》的规定进行。本案中，在电子数据提取过程中，首先，没有证据证明是由侦查人员进行的，也未制作提取笔录，更未记载收集、提取电子数据的时间、地点、方法、过程、类别、文件格式、完整性校验值等；其次，对提取的电子数据没有侦查人员的签名或盖章，也未对数据提取过程进行录像；最后，本案没有见证人参与，也未在笔录中注明情况。

三、关注刑事及相关立法的变化

在 2019 年《药品管理法》修订之前，王某销售的港药应按照假药处理，销售金额在 50 万元以上将被处以 10 年以上的刑事处罚，这样的量刑虽然难以接受，但这样的判决结果符合法律规定，律师的辩护空间十分有限。

作为辩护人，不仅要深耕个案的事实情节和证据，亦要放眼国家刑事政策的变化，关注刑事立法和相关法律法规可能出现的修订与进展，及时确定相应的辩护思路，从而达到有效辩护的结果。如本案，由于现实生活中大量存在销售港药、带货的存在，社会公众的反应和关切得到执法机关、立法机构的重视，一定程度上推动了法律的修订。就此类案件，因为迎来了法律的修订，也给被告人带来了曙光，使罪、刑、罚取得了相对的统一。

律师思考

身陷牢狱，对每一个人及其家庭，都是灭顶之灾。

本案从 2017 年 7 月到 2019 年 11 月，历经一审、二审、发回重审，历时 2 年 4 个月之久。经历了《药品管理法》的修订、生效，从原一审判决销售假药的 10 年有期徒刑到二审法院以证据不足、事实不清为由发回重审，再到一审法院重审后以非法经营罪判处被告人王某 5 年有期徒刑。辩护人同被告人一起经历了案件的进程，历经了法律的变更，体会了法治的进步。

2019 年 8 月 26 日，新修订的《药品管理法》通过。修订后的《药品管理法》于 2019 年 12 月 1 日开始施行。此次修订，对假药、劣药进行了重新定义，原来按假药论处、按劣药论处的情形或被直接纳入假药、劣药范围，或单独列出。进口国内未批准的境外合法新药，不再按假药论处；对未经批准进口少量境外已合法上市的药品，情节较轻的，可以依法减轻或者免予处罚。

就假药、劣药的这几款修订而言，其中最大的进步当数尊重科学和科学精神，以及关注和造福民生。《药品管理法》涉及的是科学成果应用于公众的社会管理法律，出发点是为了让公众能更好更快地享受到科学进步和科技成果给人类带来的福祉。让病人获得价廉、效佳和质优的药物或治疗方式，是立法的根据，也应当是这类立法的初心。

既然《药品管理法》的内容是医药成果和结晶，就应当以这类药是否经受了科学研究结果的证实和证明、是否取得相关管理机构的批准为依据。但是，过去的《药品管理法》问题也出在这里。由于有很多药物是在境外获得批准的，即便已经被其他国家和地区的人们证明有效，但由于其“走私性”，也会被视为假药、劣药，从而受到法律的惩处。旧的《药品管理法》把未经审批生产的药品按假药、劣药论处，而不纯粹按药品质量来界定假药、劣药，这显然违背了科学原则和科学精神，也背离了立法的初心。因此，2019 年修订后的《药品管理法》对“进口国内未批准的境外合法新药不再按假药论处”的规定，正是体现了法律的进步。

被告人王某在审查起诉阶段已取保候审，且其在发回重审期间突发严重疾病，故其在一审判决后不再上诉，申请监外执行。虽然法院认定被告人王某销售港药的行为对我国药品管理秩序造成了侵害，按照非法经营罪定罪处罚。但辩护人认为，对此类案件的处理，仅仅用行政处罚的方式即可有效解决，不宜按照犯罪即以非法经营罪论处。在 2019 年《药品管理法》修订后，尽管销售港药不再以“销售假药罪”定罪处罚，但是由于销售港药等未经审批的药品的行为扰乱了药品管理秩序，仍然可能以非法经营罪定罪量刑。

查疏漏，精细辩，轻刑判
——林某、韩某销售假药案

案情简介

2018 年 12 月 20 日，被害人黄某在 S 市某区以人民币 138 元向林某购买了一盒“第五元素”，收到快递后发现是假药。经侦查，公安机关发现被告人林某在 G 市销售“第五元素”“King Tiger”“德国必邦”“艾哥”“诺贝尔”等假壮阳药，遂后在 G 市某处抓获林某，现场缴获部分待售假药。经调查，被告人林某经营假药的数额为 15 万元，其在上线被告人韩某处购买假药。经鉴定，从林某租住的 G 市住处缴获的“第五元素”“King Tiger”“德国必邦”应按假药论处，产品“诺贝尔”中含有非法添加物“西地那非”。

2019 年 3 月 20 日，公安机关在 W 市某处抓获林某的上线被告人韩某，现场缴获产品“极品虎王”“黑金刚”“第五元素”“NOBLE 诺贝尔”各 3 盒。自 2018 年 11 月开始，被告人韩某利用互联网销售假药。经鉴定，从韩某租住的 W 市某处缴获的“极品虎王”“黑金刚”“第五元素”“NOBEL 诺贝尔”应按假

本篇撰稿人：丁黎，北京市盈科（深圳）律师事务所合伙人律师。

药论处。

公诉机关认为被告人林某、韩某构成销售假药罪，建议判处林某有期徒刑 1 年零 6 个月以下，并处罚金，建议判处韩某有期徒刑 2 年以下，并处罚金。

律师策略

1. 起诉书指控的韩某跟林某并非同案犯，非固定上下线关系。

2. 韩某之前在王老板店里打工，被抓获前刚开始独立经营。

3. 本案移送审查起诉至起诉仅 11 天。

4. 公诉机关建议量刑过重。

首先，通过与在林某处缴获的药品，对比在韩某处缴获的药品，发现仅有一种药品名称相同。其次，结合多方言词证据，对比被告人韩某口供与其老板王某的口供，发现韩某三次口供均稳定、一致，而王某口供里有多次矛盾之处。再次，通过快递信息查找可疑点，林某在韩某处拿了 3 次货，但联系电话均是韩某的老板王某的，起诉书中指控的被害人并非韩某独立经营期间销售的假药所致。然后，通过家人找寻门店租赁合同，佐证韩某在抓获前刚开始独立经营。还有，进行类案检索，通过类案量刑比较，说明合议庭量刑过重。最后，核实银行流水与销售物流清单，证实韩某独立经营后的收入。

辩护效果

一审开庭后，审判员决定中止简易程序，转为普通程序，对案件建议补充侦查。辩护人在二次开庭的庭审中建议对被告人在

1 年以下量刑，法院最终对被告人从轻量刑，计入累犯的从重情节，判处被告人 1 年零 2 个月有期徒刑。

辩护心得

一、从鉴定意见着手，揭示从二人处查获的药品并不相同，二人并非固定上下线，韩某案件应独立于林某案件

1. 从林某处缴获的假药有四种："第五元素""King Tiger""德国必邦""诺贝尔"，其中"诺贝尔"被鉴定出含有非法添加物"西地那非"。然而在韩某处查获的假药有："极品虎王""黑金刚""第五元素""NOBEL 诺贝尔"，并未鉴定出非法添加物。

2. 从韩某处查获的假药并未鉴定出非法添加物，该药品均属于《药品管理法》（2015 年 4 月 24 日修正）第 48 条第 3 款第 2 项规定的，依法必须批准而未经批准生产、进口，或者依法必须检验而未经检验即销售的药品，以假药论处，属于拟制的"假药"，即"以假药论"的药品。这种药不一定能危害人体健康，更不足以严重危害人体健康。

二、从经营时间入手，证实被害人黄某并非韩某独立销售期间的被害人

韩某租赁房屋自行销售开始的时间在 2018 年 12 月底，到 2019 年 3 月 20 日被查获，春节期间基本未经营，总共经营不足 3 个月。

1. 韩某的房子是从 2019 年 1 月 7 日开始租赁的，但卷里未现房屋租赁合同。

2. 2018 年 12 月底之前，韩某在王老板处打工，被老板冒名用了其账号。

3. 林某在韩某那里拿了 3 次货，前 2 次快递单上写的都是王老板的电话。

4. 被害人黄某是 2018 年 12 月 9 日在网上购买的药品，这个时间韩某还在王老板处打工，所以被害人黄某与韩某案件没有关系。

三、从快递物流的发货物品入手，质疑快递清单真实性

1. 对快递物流的发货内容真实性提出质疑，收货时未核实邮寄人手机号、真实姓名及留备身份证号，未核实包裹里物品，不符合邮政法的相关规定。

2. 提取快递发货清单不符合物证采集的合法程序，无法证明快递包里的物品属性。

3. 韩某供述其销售的货并非全是药品，大部分是器械，当时他们主要是卖器械，器械是有相关证书的，药品只是搭配出售的。

四、从纵向量刑对比入手，提出量刑过重

根据本案所在法院关于本罪名的全部案件的案例检索，检索关键词为："S 市某区人民法院""生产、销售假药罪""西地那非"这三个词，辩护人检索出 10 宗案件，其中 6 宗是判处拘役的，1 宗是 8 个月有期徒刑，2 宗是 6 个月有期徒刑，1 宗是 6 个月有期徒刑、缓刑 1 年的。

公诉机关的量刑建议过重，对照被告人韩某的销售量、危害程度、社会危害性等方面，结合本案属认罪认罚案件，辩护人建议在 1 年以下量刑。

律师思考

该案办理结束后，辩护人深有感触，于是写了一篇“认罪认罚案件的有效辩护”的文章，因此案带有太多认罪认罚案件的特征，当事人自始至终认罪，程序走得特别快，审查起诉阶段仅用了 11 天，留给辩护人的工作量远比普通程序案件的工作量多。

经过开庭前的多次会见，当事人打开心扉说出隐情，辩护人从起诉书入手，到案卷里寻找疑点，进行大量的对比分析、质证论证，一审法官听取辩护人意见后遂中止简易程序，建议公诉机关补充侦查。2 个月后开始第二次庭审，在基本查清案情的基础上，给被告人韩某较轻量刑。对辩护人来说，被告人认罪认罚，是否意味着辩护工作的豁免呢？并不是，反而加重了辩护人的工作。一方面，程序走得快，意味着辩护人必须盯紧案件，花更多的时间关注案件，比如，此案中同案林某先到案，其审限先到期，从而缩短了本案韩某的审查起诉期限；另一方面，程序走得快，可能会出现缺口，给辩护人制造一定的空间，擅于利用则成为机会，掉以轻心则失之交臂。

好结果以持续、规范、细致的辩护工作为支撑
——张某、齐某涉嫌集资诈骗案

案情简介

张某是某基金管理公司的总经理，齐某是我们的当事人，负责辅助张某。该公司通过业务员招揽客户，吸引客户投资公司名下的“某指数”，承诺投资一段时间后保底拉升数倍，如未拉升到位就退还本金；同时承诺一次性投资数万元以上的，可以H省某房地产楼盘作为抵押担保。

据检方指控，张某、齐某等人招募多人，骗取受害人投资，让受害人向指定账户转投资款。同时，该公司人员带受害人到H省某房地产楼盘进行团购考察，但该公司并没有H省房地产股份。据此认定被告人张某、齐某等人构成集资诈骗罪。后期发现，上述人员还涉及另外一起集资诈骗案件，两案流水达数亿元，指控集资诈骗金额近2000万元。

律师策略

最高人民检察院《关于办理涉互联网金融犯罪案件有关问题

本篇撰稿人：顾宁，北京市盈科（深圳）律师事务所高级合伙人律师。

座谈会纪要》指出：“在共同犯罪或单位犯罪中，犯罪嫌疑人由于层级、职责分工、获取收益方式、对全部犯罪事实的知情程度等不同，其犯罪目的也存在不同。在非法集资犯罪中，有的犯罪嫌疑人具有非法占有的目的，有的则不具有非法占有目的，对此，应当分别认定为集资诈骗罪和非法吸收公众存款罪。”

辩护人认为，齐某的行为并不足以构成较为严重的集资诈骗罪，可能构成非法吸收公众存款罪，决定做轻罪辩护；基于齐某在两家公司的地位、工作、在案件中起到的作用，认为齐某应属从犯，决定做所起作用上的罪轻辩护；初步确定的涉案金额也偏高，决定做金额上的罪轻辩护。

辩护效果

一审判决齐某构成集资诈骗罪，刑期为 10 年。发回重审后，二审终审判决：认定齐某构成非法吸收公众存款罪，判处有期徒刑 5 年，并处罚金人民币 5 万元。

最初对齐某立案、指控罪名由重罪变为轻罪，量刑得以减半。

辩护心得

一、交叉做好会见、与办案单位沟通工作，获得当事人认可

本案系在侦查阶段接受委托。当时齐某已经聘请过两次律师。团队接受委托后，立即会见齐某，发现齐某陈述的“案件事实”可能不构成犯罪。团队律师随即告知齐某这一判断，“如果你向我们陈述的都是属实的，那么你的行为可能不构成犯罪。我们不仅会听取你的陈述，还将依法向办案单位了解案情，综合分析，然后我们再交流”。

团队随即约见此案侦查人员，侦查人员依法向团队律师反馈了已查清的主要案件事实，这与齐某陈述有一定差异，并称有充分证据证明齐某行为已经构成犯罪。团队律师再次会见齐某，告知相关情况。齐某就相关矛盾点进行了回应，并逐渐正视可能在案证据。经此过程，齐某对团队律师表示认可，开始与团队律师深入沟通案件细节。

齐某在案件中实际参与了部分公司运作行为，并有证据表明其可能带队前往 H 省考察。同时齐某在公司是无股份、无职务、无提成的“三无人员”，齐某也提出了其他辩解。全面了解案件信息，为之后确定辩护方向打下了坚实的基础。

二、形成《分析报告》、制定《辩护方案》，有据准确推进辩护工作

一个案件在侦查阶段，我们就要做三部分工作。

第一部分主要是搜集信息。刚接手的案件，我们对案情一无所知，这就需要通过会见、与相关方面沟通、调取证据等搜集案件信息。这样我们就逐渐了解案件的轮廓，进而获悉了“案卷”中可能存在主要证据的内容，一般能达到 70% 左右。

第二部分主要是分析、决策。团队会经过一系列的研判，对指控方向、可能在案证据、案件事实、程序问题、争议焦点、罪名确定、量刑区间进行审查分析，形成《分析报告》。然后在此基础上，因地制宜地选择辩护类型，并指定路线图，形成《辩护方案》。

第三部分主要是辩护输出。基于《分析报告》和《辩护方案》，开展认罪认罚相关工作、与被害人进行和解、向办案机关提交《辩护意见》、申请变更强制措施、维护诉讼权利等工作。

三、紧盯辩护要点、坚定信心，持续开展辩护说服工作

经过研究讨论，本案《分析报告》中核心的争议焦点有两个：

第一个是定罪问题。构成集资诈骗罪还是非法吸收公众存款罪？其实二者之间的最主要的区别就是主观故意方面。集资诈骗罪属金融诈骗类犯罪，主要是通过虚构事实、隐瞒真相的方法，意图永久非法占有社会不特定公众的资金，具有非法占有的主观故意。而非法吸收公众存款罪是破坏金融管理秩序类犯罪，主要是违反金融管理法规达到一定程度，行为人系临时占用投资人资金，承诺还本付息。一般情况下可以从如下几个方面来印证行为人的主观故意：

1. 资金的目的和用途。集资诈骗多用来个人挥霍；非吸多用于生产经营。

2. 单位的经济能力和经营状况。集资诈骗多数已经资不抵债，没有正常稳定的业务；非吸的单位一般经济能力强，具有偿还能力。

3. 案发后的归还能力。集资诈骗因上述原因，导致没有归还资金的能力，往往无法实际归还；而非吸中的行为人具有归还能力，案发后积极归还资金。

我们认为本案中齐某行为属于后者。

第二个问题就是主从犯的问题。齐某在公司是无股份、无职务、无提成的“三无人员”。她不能把控公司的实际运作，不知晓公司财务状况，不清楚主犯的主观意图，未获得赃款。我们认为即使认定齐某构成犯罪也应当认定系从犯。

本案辩护中，我们其实是采取了轻罪及罪轻两种辩护策略，一方面是其可能构成刑罚较轻的非法吸收公众存款罪，另一方面根据齐某的地位、工作、在案件中起到的作用，应属从犯，从而展开实体辩护工作，进入到“亮剑”环节。

在侦查阶段，我们就向侦查机关提交了《侦查阶段辩护意见》，阐释我们的观点，以引导办案单位准确认定齐某的作用和涉案金额，但公安机关还是以集资诈骗罪移送检察机关审查起诉，未区分齐某所起作用。

在审查起诉阶段，我们向检察院提交《审查起诉阶段辩护意见》，继续向检察官表达了我们的观点；案件退回补充侦查重报后，律师团队会根据办案单位补充材料及案情变化，提交新的《辩护意见》。最终检察机关依然以集资诈骗罪对齐某涉及A、B两案提起公诉，未认定齐某为从犯，但认为齐某参与较少。

一审开庭，经过庭审发问、质证、举证、法庭辩论阶段，律师团队充分辩护。一审判决，认定齐某在A、B两案中均构成集资诈骗罪且是主犯，判处有期徒刑10年，并处罚金10万元。

律师团队认为一审判决是存在一定问题的，齐某本人也提出了上诉。律师团队随后提交了详细、全面的辩护意见。为实现更好辩护效果，向二审法院提交了《开庭审理申请书》。结果二审法院接受了我们的辩护观点，认为一审判决“事实不清，证据不足”，撤销原判，发回重审。

发回重审后的一审，我们对案件进行完整复盘，重新审查了案卷，在补充了一些细节后，我们依然坚持自己的观点：齐某在A、

B 两案中均可能构成非法吸收公众存款罪，且均属于从犯。经过庭审，法院判决齐某在 A 案件中构成集资诈骗罪，系从犯；在 B 案件中构成非法吸收公众存款罪，系主犯，合并判处有期徒刑 8 年。

律师团队仍然认为该判决存在问题，并为齐某拟写了上诉状。经与齐某沟通，齐某再次提出上诉。

二审法院经不公开审下达终审判决：认定齐某构成非法吸收公众存款罪，判处有期徒刑 5 年，并处罚金人民币 5 万元。至此，最初对齐某立案、指控罪名由重罪变为轻罪，刑期减半，从 10 年变为 5 年。

律师思考

本案历时 3 年，前后经过 4 次审理，对当事人的信心和辩护人的意志，都是一种考验。作为本案的辩护人，我们也一直在反思，是不是本案最早的辩护工作没有到位，才导致当事人没有在第一时间获得较轻的判决、较好的结果。经过反思和对比，我们发现前后的辩护观点和意见，并没有太大变化，这也让我们比较释然了，毕竟判决形成的过程非常复杂，并不是算术题那么简单。而刑事司法系统的运转中，律师始终只是提交意见者，如何采纳这些意见，如何处理，终究是法、检、公的法定职责。因此，提供最专业的服务，争取最好的结果，就是刑辩律师最好的价值和态度。

同时，要心中有希望。只要没有下达终审判决，都有争取更好结果的可能。作为辩护人，在案件到达终点之前，都要怀着十二分的信心，用十二分的努力，时刻紧盯辩护要点，持续进行辩护说服工作，为当事人合法权益的最大化而努力奋斗！

有效辩护推翻三罪，准确定性刑最轻

——宋某非法吸收公众存款案

案情简介

2014年3月，钟某伙同宋某、于某、张某、石某、肖某等人在香港注册成立X文化产权交易所（以下简称“X文交所”）。X文交所股东股权分配清楚，职能分工明确，其中宋某担任总经理，负责公司交易平台运营的翡翠资产包事宜和客服工作，占6%股份。X文交所通过公司网站、第三方代理人、代理公司向社会公开其公司翡翠艺术品股票交易平台，并将17只翡翠艺术品份额化、股票化（每只股票也叫资产包），交易手续费为0.3%，承诺原始股不跌破人民币1元1股。操作过程由投资人在平台网站注册账户，下载交易软件，网签投资协议，将投资金转账到第三方资金托管公司“Y资本管理有限公司”（属X文交所旗下公司）的银行账户里，交易软件系统后台就会显示相关金额，投资人就可以使用软件进行交易、买卖以及提现。后X文交所资金链断裂无法出金提现，投资人报案后案发。被害人近百名，涉案

本篇撰稿人：黄敬，北京市盈科律师事务所全球总部合伙人律师；易凡，北京市盈科（深圳）律师事务所合伙人律师。

金额达数千万。

S市F区公安机关于2017年2月23日立案侦查，认定宋某等人的行为构成集资诈骗罪、擅自设立金融机构罪、非法经营罪，并将宋某作为第二犯罪嫌疑人移送F区检察院审查起诉。

辩护人介入案件以后迅速响应，在审查起诉阶段三次提交法律意见书并多次与检察官进行沟通，最终F区检察院仅以非法经营罪起诉，但依然将宋某作为第二被告人。辩护人获得初步胜利，但辩护工作并未止步于此。本案的犯罪数额达数千万，以非法吸收公众存款罪定罪所判处的刑罚明显比以非法经营罪定罪的刑罚更轻。因此，轻罪辩护成为审判阶段的工作重点。经过不懈努力，辩护人最终也成功实现该辩护目标：F区法院认定宋某构成非法吸收公众存款罪，且在全部涉案人员中宋某的刑罚最轻。

律师策略

辩护人采取无罪辩护与轻罪辩护相结合、可视化图表呈现、类案检索等策略实现辩护目标：

1. 无罪辩护策略打掉擅自设立金融机构罪和集资诈骗罪：F区公安机关经侦查认定宋某等人构成集资诈骗罪、擅自设立金融机构罪、非法经营罪。辩护人经过细致的阅卷以后进行了诉讼策略分析，在与当事人及其家属充分沟通以后，决定为宋某作无罪辩护，从法律规范和案件事实角度进行分析论证宋某不构成犯罪的原因。F区检察院在审查起诉阶段采纳了关于宋某等人不构成集资诈骗罪、擅自设立金融机构罪的法律意见。

2. 轻罪辩护策略将非法经营罪变更为非法吸收公众存款罪：F区检察院以宋某等人构成非法经营罪向F区法院起诉。辩护人经过进一步的诉讼策略分析，认为本案做罪轻辩护的可行性更高。在犯罪数额无法变更的情况下，只要将非法经营罪变更为非法吸收公众存款罪，宋某的刑罚就能得到极大减轻。

3. 可视化图表呈现宋某系从犯，且不具有非法占有故意：（1）制作人物关系图和供述对比表呈现出宋某系从犯。本案X文交所实际为钟某和肖某实际控制，但二人合谋将责任推诿到宋某身上。我们在阅卷过程中提取涉案人员关于人物关系的言词证据制作了人物关系图，并进一步提取所有关于X文交所组织架构的言词证据制作了供述比对表，呈现出全部涉案人员关于钟某系X文交所董事长、肖某系X文交所总裁的供述能够相互印证，而关于宋某的职位却无一致说法的事实。（2）制作涉案账户主要资金流向图呈现出资金都被肖某和钟某占有或挪用，宋某实际上并未任何利益的事实。最终，法院采纳了辩护人的辩护意见。

4. 类案检索消除法官后顾之忧：利用裁判文书网数据库检索并统计出与本案有关联或案情类似最终判决认定非法吸收公众存款罪的案例，消除法官将宋某的行为认定为非法吸收公众存款罪的后顾之忧。

辩护效果

S市F区公安机关经侦查认定宋某等人的行为构成集资诈骗罪、擅自设立金融机构罪、非法经营罪，并将宋某作为第二犯罪嫌疑人移送F区检察院审查起诉。

辩护人在审查起诉阶段作无罪辩护，成功打掉集资诈骗罪和擅自设立金融机构罪，F区检察院仅以非法经营罪起诉，但依然将宋某作为第二被告人。

辩护人在审判阶段作轻罪辩护，成功打掉非法经营罪，F区法院认定宋某构成非法吸收公众存款罪，判处3年有期徒刑，并处罚金5万元。宋某的刑罚在全部涉案人员中最轻。

辩护心得

复盘是为了下一个案件做得更好，辩护人对于每一个案件都会思考并总结得失成败，不断追求极致。以下从三个角度总结本案的可取之处：

1. 挖掘辩护空间时需步步为营，按照无罪辩护、轻罪辩护、罪轻辩护的顺序一一排查案件的可辩空间，努力实现当事人利益的最大化。本案中辩护人在审查起诉阶段和审判阶段审时度势，在与当事人及其家属充分沟通以后分别采取了无罪辩护和轻罪辩护的诉讼策略就是遵循了以上原则。

2. 刑事辩护务必穷尽法律、事实和案例。法律规范是大前提，案件事实是小前提，穷尽大前提和小前提，方能让律师的辩护意见有理有据。穷尽案例是为了找到类似案例为法官提供参考，消除其依法裁判的后顾之忧。本案在审判阶段能够成功将非法经营罪变更为非法吸收公众存款罪的原因之一就在于穷尽了大前提以后，以《国务院关于清理整顿各类交易场所切实防范金融风险的决定》为依据，提出X文交所将翡翠艺术品份额化、股票化是国家明令禁止的行为，而不是需要国家行政许可方可经营的行为。

为了进一步打消法官以非法吸收公众存款罪进行判决的顾虑，律师将检索到的相关案例作为附件提交。

3. 正所谓“一图胜千言”，要重视诉讼可视化在刑事办案过程中的作用。被理解是被采纳的前提，清晰简洁地传递能够提高自己的法律意见被采纳的可能性。办案过程中要注重通过可视化图表等方式高效有力地传递自己的法律意见，便于办案人员理解。本案中，肖某和钟某作为夫妻合谋将主要责任推诿到宋某的身上，我们通过阅卷以后发现涉案人员都和肖某和钟某有着千丝万缕的联系，于是我们绘制了人物关系图和供述比对表，突出肖某和钟某的犯罪地位。为了突出宋某对吸收的资金没有非法占有的故意，我们根据银行流水和审计报告绘制了资金流向图，通过该图表明X文交所吸收的资金都被肖某和钟某占有或挪用，宋某实际上并未获得任何利益。

律师思考

如陈瑞华教授所言，刑事辩护是一门艺术。

刑事辩护是一门对抗的艺术。与起诉相比，辩护重在发现问题，重心在“破”而不在“立”，辩护人的每一项工作都旨在推翻或者削弱控方的指控，打破控方的指控体系和证据链条。所以，要在对抗中取得更大的胜算，就必须在每个阶段都竭尽全力。

刑事辩护也是一门妥协的艺术。某些案件中，在竭尽全力以后做适度的妥协，最终的结果反而可以实现当事人利益的最大化。相反，如果辩护人一味地坚持无罪辩护，可能最终的结果只是零和博弈。

刑事辩护最终是一门说服的艺术。无论对抗还是妥协，最终都是为了说服。辩护人在竭尽全力以后，更需审时度势，随时决定是否要调整诉讼策略。当然，不能因为最终的妥协而否定当初竭尽全力进行对抗的意义，因为竭尽全力是为了让对方看到问题，而妥协是为了实现当事人利益最大化。如果没有竭尽全力就妥协，那只是软弱。

刑事辩护是一门艺术，对抗和妥协只是过程，最终都是为了说服，为了实现当事人利益的最大化。

虚假诉讼“情节严重”的认定标准

——杨某涉嫌虚假诉讼案

案情简介

被告人杨某与犯罪嫌疑人杨某雄（在逃）于2000年6月在S市F区人民法院调解离婚。2013年5月至2014年5月期间，犯罪嫌疑人杨某雄先后向陈某雄、蔡某新等人借款约1亿多元人民币，此后，犯罪嫌疑人杨某雄因未还款与蔡某新、陈某雄等人之间发生借贷纠纷。在被告人杨某授意下，2014年6月13日，被告人杨某芳在S市L区（以下简称L区法院）法院以伪造的借据、借款合同和抵押合同等为依据对杨某雄提起诉讼标的达人民币2200万元的借贷诉讼并于2014年6月4日向L区人民法院申请诉前财产保全，L区法院查封杨某雄名下两处房产。在陈某雄诉杨某雄、杨某民间借贷纠纷案中，S市F区人民法院判处杨某需承担连带责任。被告人杨某认为其与杨某雄办理了离婚手续，不应当承担连带责任。为制造虚假判例，被告人钟某与犯罪嫌疑人杨某雄伪造还款协议书等证据材料；在被告人杨某授意下，被告

本篇撰稿人：杨克教，北京市盈科（深圳）律师事务所合伙人律师；闫浩杰，北京市盈科（深圳）律师事务所专职律师。

人钟某以伪造的还款协议书等为依据于2016年4月13日在L区法院对杨某、杨某雄提起诉讼标的为人民币7491900元的借贷诉讼，并判决杨某无须承担连带责任。杨某、杨某芳和钟某于2018年8月因涉嫌虚假诉讼罪被公安机关抓获。

律师策略

因起诉书中没有认定本案虚假诉讼事实为情节严重，故案件一审开庭辩护人做罪轻辩护。

辩护人通过会见被告人、阅卷，对案情有了全面的了解。为维护被告人合法权益，履行辩护人职责，协助审判机关查清事实、正确适用法律，提出以下辩护意见，简述如下：

1. 起诉书指控的第一项事实，即杨某、杨某芳捏造民事法律关系，虚构民事纠纷，构成虚假诉讼罪不成立。

（1）杨某与杨某雄存在真实的债权债务关系，不属于捏造、虚构事实。

（2）虚假诉讼罪是在《刑法修正案（九）》中新增的罪名，根据我国刑法溯及力从旧兼从轻原则，如果当时的刑法条文不认为是犯罪，修正后的刑法条文认为是犯罪，而行为连续到修正案生效以后的，对该行为应适用新刑法。退一万步讲，即使认为杨某芳、杨某诉杨某雄的行为属于虚假诉讼，但该行为并没有延续到《刑法修正案（九）》生效以后，故该行为也不应该认定为虚假诉讼。

2. 起诉书指控的第二项犯罪事实，即杨某、钟某伪造还款协议书等证据虽构成犯罪，但是并未严重侵害他人合法权益，望法院在量刑时予以考虑。

3. 杨某表现一贯良好，是优秀的企业家，积极承担着社会责任，对于法院判决应承担的债务，杨某愿意积极、配合处理。

在庭审过程中，公诉人当庭提出了杨某在本案中的犯罪事实属于情节严重的指控，应在3至7年处罚；辩护人当即对此提出回应：杨某在本案中未达到情节严重的标准。理由简述如下：

根据最高人民法院、最高人民检察院《关于办理虚假诉讼刑事案件适用法律若干问题的解释》第3条的规定，被告人杨某在本案中并未基于捏造的事实采取财产保全或者行为保全措施造成他人损失100万元以上。

陈某雄诉杨某雄、杨某偿还借款，二审判决文书生效时间为2018年1月16日，该案件现处于执行阶段。陈某雄在此诉讼过程中，查封杨某雄位于B区某街道某路某花园某栋01、02号两处房产，杨某名下位于F区某花园某栋102房，以及杨某雄、杨某公司名下股权，现上述房产已开始进入拍卖程序。故本案目前不存在对陈某雄等人造成损失一说：首先，陈某雄是否能够全部收回其债权是未知的，既然还没有执行完成，何来损失一说，损失的数额又如何认定；其次，上述查封财产经计算是可以覆盖陈某雄的债权的，且杨某愿意积极配合偿还债务，也不会让债权人债务得不到偿还。

故无论是杨某芳起诉杨某雄还是钟某诉杨某雄，除了通过诉讼确认上述债权外，并没有对案外债权人的债权实现产生实质性的不利影响。

综上，辩护人认为在起诉书指控的杨某涉嫌虚假诉讼的两项犯罪事实中，其中杨某芳诉杨某雄2200万元一项，发生在《刑法修正案（九）》之前，不应认定为犯罪，修正案生效后的申请强制执行的行为系根据双方签订的民事调解书申请，不属于法律规定妨害司法秩序或者严重侵害他人合法权益的情形，也不应单独评价为犯罪；另一宗钟某诉杨某雄一案构成虚假诉讼罪，望法庭考虑到案件结果并未侵害他人合法权益，犯罪情节轻微，杨某表现一贯良好，在本案中也未达到情节严重的标准，法院应依法判决杨某免予刑事处罚。

辩护效果

法院采纳辩护人提出的杨某在本案中未达到情节严重的标准的辩护意见，依法从轻判处杨某1年6个月有期徒刑。

辩护心得

在刑事案件庭审中，偶尔会遇到公诉人临时口头变更指控。刑辩律师如何应对？这是值得思考的问题。

对于公诉人临时口头变更指控这种情况，各地法院操作不一，不少辩护人遇到此情况手足无措，莫衷一是。今天，辩护人试着对此问题进行简单梳理，疏漏不当之处，还请各同仁批评指正为幸。

一、口头变更，如何应对

辩护人遇到的情形都是公诉人在庭审中口头变更，既不向法庭出示变更起诉决定书，也没有向辩护人出示和告知。根据《人民检察院刑事诉讼规则》第426条的规定，变更、追加、补充或者撤回起诉应当以书面方式在判决宣告前向人民法院提出。从以上的规定可以看出，无论是变更、追加、补充或者撤回起诉，都应当以书面方式向法院提出。如果公诉人在庭审中临时口头变更起诉，辩护人应当提出异议。在法庭上，公诉人是受检察长指派出庭支持公诉的，并非以自己的名义独立行使公诉权。因此公诉人出庭具有权力委托的性质，形式上起诉书有加盖检察院公章，其授权指控的范围应当就是加盖检察院公章的起诉书，超出起诉书的口头变更，不应当有法律效力。另外，无论是《人民检察院组织法》第 20 条第 3 项的规定，还是两高三部《关于规范量刑程序若干问题的意见》中关于提出的量刑建议，其主体都是“人民检察院”而不是公诉人个人，所以，对于公诉人在庭审中临时口头变更指控，辩护人应当提出异议。

二、变更的事项足以影响对被告人的定罪量刑，如何应对

如果起诉书存在被告人的基本情况、案由、案件事实、起诉的理由错误等足以影响案件基本事实的认定或者存在定罪量刑的重大失误，辩护人应当提出异议，尽量建议法庭休庭，并要求法庭延期审理给予足够的时间进行辩护准备。变更足以影响案件基本事实认定的指控，从某种程度上是剥夺被告人获得辩护的权利。在我国的庭审中，被告人和辩护人并非坐在一起，这个时候，辩护人很难和被告人无障碍对变更事项进行有效沟通，更无法核实变更的事项。根据《人民检察院刑事诉讼规则》第 420 条第 6 项的规定，公诉人出示、宣读开庭前移送人民法院的证据以外的证据，或者补充、追加、变更起诉，需要给予被告人、辩护人必要时间进行辩护准备的，可以建议法庭延期审理。尽管此法条规定的主体是公诉人，但是，此法条直接影响的是被告人和辩护人。在公诉人没有建议法庭延期审理的情况下，辩护人认为，无论从保障被告人合法权益的角度还是保障辩护权的角度，辩护人都应当果断提出异议，并要求法庭延期审理。

三、若变更的事项属于纯粹技术性瑕疵，并不影响对被告人的定罪量刑，如何应对

如果起诉书中确实存在日期、地点表述错误等技术性瑕疵，尽管导致指控的事实在细节上与客观事实不符，如不影响对案件基本事实的认定和对被告人定罪量刑的。在此种情况下，辩护人认为，从节约司法成本的角度来看，可以不建议休庭或者延期审理，但从严谨的态度来看，可以建议公诉人庭后补充书面形式的变更起诉决定书。

四、若变更的事项有利于被告人，如何应对

在实践中，确实存在公诉人变更事项有利于被告人的情形。这本身是公诉人坚持客观公正义务的体现。如果事实变化涉及被告人罪责的从轻或减轻，如故意伤害案件中双方达成和解协议、被告人退赃等有利于被告人的情形，这些情节并不影响案件的基本事实和对被告人的定罪，但在量刑上有利于被告人。辩护人认为，在这种情况下，辩护人直接认可即可。

五、临时变更不可取，构建控辩双方庭前良好沟通

一般来说，案件从起诉到移送法院开庭，中间会有一段时间，如果起诉书中认定的案件事实发生了变化，且变化的事实足以影响到被告人的定罪和量刑。辩护人认为，公诉人应根据《人民检察院刑事诉讼规则》第426条的规定，及时以书面方式向人民法院提出。如果情况特殊且紧急，完全可以在庭前知会辩护人。临时变更，既不利于保障被告人的合法权益，也不利于控辩双方的良好互动，甚至很大程度上是浪费司法资源。

律师思考

一、本案事实为什么不属于情节严重

虚假诉讼罪是指以捏造的事实提起民事诉讼，妨害司法秩序或者严重侵害他人合法权益的行为。出自《刑法》第 307 条之一的规定。2018 年 9 月 26 日，最高人民法院、最高人民检察院公布《关于办理虚假诉讼刑事案件适用法律若干问题的解释》（以下简称《解释》）。《解释》中规定："以捏造的事实提起民事诉讼，有下列情形之一的，应当认定为刑法第三百零七条之一第一款规定的'情节严重'：（一）有本解释第二条第一项情形，造成他人经济损失一百万元以上的；（二）有本解释第二条第二项至第四项情形之一，严重干扰正常司法活动或者严重损害司法公信力的；（三）致使义务人自动履行生效裁判文书确定的财产给付义务或者人民法院强制执行财产权益，数额达到一百万元以上的；（四）致使他人债权无法实现，数额达到一百万元以上的；（五）非法占有他人财产，数额达到十万元以上的；（六）致使他人因为不执行人民法院基于捏造的事实作出的判决、裁定，被采取刑事拘留、逮捕措施或者受到刑事追究的；（七）其他情节严重的情形。"

在本案中并未基于捏造的事实采取财产保全或者行为保全措施造成他人损失 100 万元以上。陈某雄在此诉讼过程中，查

封杨某雄位于B区两栋房产，杨某名下位于F区一处房产，以及杨某雄、杨某公司名下股权，现上述房产已进入拍卖程序。上述查封财产经计算是可以覆盖陈某雄的债权的，且杨某愿意积极配合偿还债务，也不会让债权人的债务得不到偿还。故本案事实不属于情节严重。

二、如何做到有效辩护

通常情况下，为了达到理想的指控效果，控方会对证据链和证据体系进行自查验收，呈现给法院和被告人的证据一般具备充分的说服力，能够自圆其说。即便有些案件的证据量不够充分，也能够形成基本的证据链，不会出现明显的漏洞致使指控体系整体崩塌。正因如此，辩护人通常难以整体否定指控的犯罪事实和证据体系，更难以构建新的事实和证据体系。虽然当前正在推行庭审实质化改革，但法官也只能在庭审有限的时间和空间内依靠自身的经验常识和辩方不充分、零散的质证进行评价，难以动摇且通常只能接受控方事先构建的有罪证据体系。在控方证据整体占优的情况下，应当构建以控方弱点为反击点的反驳体系，用控方证据反驳控方证据，而不是对控方事实和证据进行全面的体系性反驳。律师宜在控方主张的基本事实框架下，对关键证据发起攻击性的辩护。通过瓦解局部的方式来反驳指控事实、解构指控证据体系中的某些环节或内容，力争让法官对指控事实产生某种程度的怀疑进而作出对被追诉人有利的从轻处理甚至无罪处理结果。

三、如何提高刑辩律师庭审中的应变能力

不断提高律师在刑事辩护中的应变能力，是一个重要课题。

所谓刑事辩护应变能力，就是指在法庭审理和辩护中，律师对出现的新情况、新问题而作出的快速、判断的判断能力。其中包括观察能力、分析能力、判断能力和表达能力等。律师只有具备良好的应变能力，才能迅速地适应庭审变化，通过敏捷的分析判断，准确地提出维护被告人合法权利的材料和意见，帮助法庭正确适用法律。提高律师在刑事辩护中应变能力，一方面要注意庭审前的准备工作，另一方面要注重庭审中的辩论。而庭审中的辩论是刑事辩护中的关键环节，是考察律师应变能力的主要阶段。

向公司负责人投案，归案后如实供述，认定自首获轻判
——欧某涉嫌职务侵占案

案情简介

2016年11月11日，S市某网络科技有限公司法人代表王某向S市某区经济犯罪侦查大队报案，称其公司财务在对公司内部财务数据比对过程中，发现员工肖某、柳某控制的账户订单退款数据比平均值高出很多，存在侵占公司财产情形；11月7日，柳某在未经公司批准的情况下自行离开公司；11月11日，肖某亦向公司提出辞职，王某遂拿出公司清查的退款数据当场要求肖某解释，肖某承认其伙同公司前员工韦某、欧某，合伙侵占公司资产的事实，肖某、韦某当场被公安机关抓获。

2016年11月12日晚20时左右，在知道到同案犯肖某、韦某已被公安机关抓获的情况下，欧某主动找到公司法人代表王某如实说明犯罪事实，并承认其犯罪行为，同时表示要将侵占的钱归还。当晚王某让欧某回家等其处理消息，次日中午，欧某在家等待过程中被公安机关抓获。

2017年7月20日，S市某区人民检察院以肖某、韦某、欧某

本篇撰稿人：刘兵发，北京市盈科（深圳）律师事务所合伙人律师。

利用职务便利，侵占公司财物，数额巨大，以职务侵占罪提起公诉。同时认定肖某侵占公司数额合计3265239.59元，韦某、欧某侵占公司数额合计984084.8元，建议判处肖某有期徒刑5年至7年；韦某、欧某有期徒刑2年至4年。

律师策略

一、巧抓时机，公诉机关当庭认可被告人欧某主动向被害单位投案的行为构成自动投案

在侦查阶段、审查起诉阶段，辩护人多次向办案人员说明欧某到案情况，未有明显效果；庭审期间，辩护人抓住报案单位法定代表人王某出庭参与庭审有利时机，当庭提出要求被告人欧某与王某就如何到案的过程进行对质，迫于法庭的压力，王某承认11月12日晚欧某有主动找其说明情况并向其写了职务侵占的书面材料的客观事实，且欧某系按照王某的要求回家后被抓获。鉴于上述客观事实，公诉机关当庭对此表示认可，结合欧某归案后能如实供述，同意辩护人有关被告人欧某构成自首的辩护意见。

法院认为，欧某主动联系被害单位负责人，向其坦白罪行，同时没有逃避抓捕，可以认定其有自动投案的意愿，且归案后能够如实供述犯罪事实，被告人欧某的行为构成自首，依法可以从轻处罚。

二、职务侵占认定数额成功降档，由公诉机关指控的984084.8元降至422154.04元

侦查机关、公诉机关认定职务侵占数额的依据均为被害单位提供的统计数据，数额巨大。根据被害单位提供的数据，肖某侵

占公司数额合计3265239.59元，韦某、欧某侵占公司数额合计984084.8元。

有关指控侵占的数额，辩护人经多次查阅卷宗、与被告人本人及其亲属多次沟通，对被害单位提交的数据一一进行比对，由被告人本人进行指认，并结合被告人的银行流水进行比对，发现被害单位提交的数据存在虚假成分，其无法区分正常退款与非正常退款（被职务侵占的退款），并就此提出异议，最终法院采纳辩护人的意见。

法院认为，关于被告人职务侵占的数额问题，被害单位提供的被告人肖某管理的账号退款金额无法区分正常退款和被职务侵占的退款，同时该数据系被害单位提供，三被告人对此均不予认可，结合侦查机关调取的被告人账户历史交易记录，显示交易总金额为422154.04元，该数据与三被告人的供述和银行流水记录等比较吻合，故人民法院认定侵占的金额为422154.04元。

辩护效果

人民法院判处欧某有期徒刑1年3个月。

辩护心得

一、明确案件焦点、辩点，集中火力出击

欧某涉嫌职务侵占案，在了解肖某、韦某、欧某三人整个操作方式后，辩护人认为本案构成职务侵占罪的案件定性没有问题，遂把案件的焦点转移至如何使当事人获得更轻的刑罚上来。在查阅卷宗、会见当事人后，确定了案件的辩点，即职务侵占的数额

的认定、自首的认定、主从犯的认定、作案动机等。明确上述几个核心问题后，辩护人结合案件情况一一进行分解，最终法院采纳了辩护人的辩护意见，认定欧某向被害单位投案的行为构成自动投案，犯罪金额成功由 984084.8 元降至 422154.04 元，刑期也从公诉机关的建议量刑 2 至 4 年，降至判处有期徒刑 1 年 3 个月，实现了有效辩护。

二、把握关键时间节点，抓住有利辩护时机，顺势而为

关于欧某向被害单位法人代表投案的行为能否认定为自动投案的问题，辩护人在接受委托后，经会见欧某本人，详细了解其如何到案的经过。辩护人认为，被告人的行为符合最高人民法院《关于处理自首和立功具体应用法律若干问题的解释》第 1 条的规定，依法应构成自动投案。辩护人在侦查阶段、审查起诉阶段均向办案机关提出申请，要求调取、核实有关事实，但因缺乏相应的证据材料，均未获同意。庭审过程中，辩护人抓住被害单位法人代表参与庭审的有利时机，向法庭提出要求当事双方就欧某到案经过进行对质，终于还原欧某到案经过的客观事实，当庭公诉机关认可辩护人有关欧某构成自首的意见。

律师思考

实践中，我们在办理案件的过程中经常会遭遇律师的法律意见不被重视、不被采纳的情况。通过本案，启示我们在办案过程中对认定的事实应当坚持，掌握正确的方法，抓住有利时机，有理有据，在客观事实和法律规定面前，说服办案人员予以认可。

职务侵占罪中法益侵害的认定

——张某涉嫌职务侵占案

案情简介

张某于2016年1月任职A公司互联网金融业务总经理，负责A公司金融业务的全面工作。A公司主要从事经营贷、抵押贷、短折贷等P2P网贷业务。2016年7月至2017年2月，张某安排下属员工甲、乙、丙三人从A公司委托的第三方支付公司先后借款3笔共计3000万元。第一笔1000万元打入张某的个人账户供其支配使用，后两笔借款分别用于偿还前一笔1000万元的借款，期间张某利用职权给此3笔1000万元借款的年化利率定为6%（正常情况下，A公司对内借款年化利率为13.6%）。2019年9月，H市X区人民法院以张某侵占公司应收利息，判决张某构成职务侵占罪，张某不服，上诉至H市中级人民法院。

律师策略

辩护人认为，一审认定张某构成职务侵占罪证据不足，认定事实错误，张某虽有违规的嫌疑但不至于构成犯罪。

本篇撰稿人：罗少娟，北京市盈科（深圳）律师事务所高级合伙人律师。

首先，3笔借款的出借人为500余名自然人，而不是A公司，A公司仅仅是作为一个借贷中介平台，对所出借的资金没有所有权。

其次，张某利用职务上的便利，为他人的3笔借款设定了低息，但系在其职务权限以内，且3名借款人都已经按照借款合同的约定按时足额偿还了3笔借款的本息，主观上张某没有将本公司的财物非法占为己有，客观上也没有造成公司财产的直接损失。一审判决不符合罪刑法定原则和罪责刑相适应原则。

再次，即使张某的行为造成了公司损失，那这个损失也只能为A公司的预期利益，属于间接损失，也不符合职务侵占罪的构成要件。

辩护效果

H市中级人民法院采纳了辩护人的上述法律意见，撤销一审法院对张某的定罪和量刑，予以改判。

辩护心得

一审法院判决认为，张某利用总经理负责放款审批的职务便利，在未向公司申报的情况下，借用他人名义借款，为自己审批的借款利率为6%，该利率明显低于同期公司内部员工的借款利率及公司的资金成本，具有非法占有公司应收利息的主观故意，其行为符合职务侵占的犯罪构成。

针对一审法院的观点，二审中，辩护人主要从以下几方面进行论证：

一、本案所涉的借款和利息不属于A公司所有

本案中，A公司从事的是P2P网贷业务，根据2016年出台的《网络借贷信息中介机构业务活动管理暂行办法》第10条的规定："网络借贷信息中介机构不得从事或者接受委托从事下列活动：（一）为自身或变相为自身融资；（二）直接或间接接受、归集出借人的资金；（三）直接或变相向出借人提供担保或者承诺保本保息；（四）自行或委托、授权第三方在互联网、固定电话、移动电话等电子渠道以外的物理场所进行宣传或推介融资项目；（五）发放贷款，但法律法规另有规定的除外；……"因此，A公司及其委托的支付公司仅仅是作为一个交易中介的平台，A公司对借款人的资金没有所有权。本案所涉张某为自己审批的借款本金和利息，为相关实际出借人所有，不属于A公司所有。

二、张某没有非法侵占公司财物的主观故意或客观行为

从立法过程可知，职务侵占罪是根据1995年2月28日全国人大常委会通过的《关于惩治违反公司法的犯罪的决定》第10条规定的侵占罪演变而来。1995年12月25日，最高人民法院发布了《关于办理违反公司法受贿、侵占、挪用等刑事案件适用法律若干问题的解释》，该解释第2条第2款规定："《决定》第十条规定的'侵占'，是指行为人以侵吞、盗窃、骗取或者以其他非法占有本公司、企业财物的行为。"在实践中，绝大多数的职务侵占行为业已为侵吞、盗窃、诈骗所包容。而从本案的证据材料来看，张某并未存在侵吞、盗窃、骗取或者以其他非法占有A公司财物的行为。同时，涉案1000万元的借款本金和利息属于作为出借人

的500余名自然人所有，客观上张某也不可能将不属于A公司的财物即1000万元借款本金和利息占为己有。

三、张某未侵犯A公司的财产所有权或财产性利益

根据刑法理论，“财物”应当具有三个特征：管理的可能性、转移的可能性和价值性，进而主张作为财产犯罪的财物包括狭义的财物（有体物和无体物）与财产性利益（包括积极财产的增加和消极财产的减少）。本案中显然不存在直接侵犯公司“狭义的财物”的行为，关键在于判定张某利用权限低息放款的行为，是否侵犯了公司的财产性利益。

根据本案中3名借款人所签订的《借款协议》，该借款协议系出借人即500余名自然人自愿签署。3名借款人都已经按照借款合同的约定按时足额偿还了3笔借款的本息，该500名出借人按时收回本息。即使存在预期收益降低的损失，损失的也是该500名借款人，而非A公司。故张某的行为没有侵犯A公司的财产性利益。

四、认定张某构成职务侵占罪违反了刑法的谦抑原则

本案中，张某不仅对借款金额有最终的审批权，对借款的利息也有决定权。但对于A公司内部员工的借款利息，A公司的上级领导只有口头的规定，公司的规章制度当中并没有书面的规定。如果A公司上级领导的口头规定真实有效，那么，张某的行为也只能是违反公司的相关规定，给借款人造成了利息的损失，但还没有到违法的程度，更没有到达犯罪的高度。我国《刑法》规定，构成犯罪必须具备以下特征：（1）犯罪是危害社会的行为；（2）犯罪是触犯刑律的行为；（3）犯罪必须是应受刑罚处罚的行为。上述特征是确定一种犯罪必须具备的缺一不可的条件。同时《刑法》还规定，情节显著轻微、危害不大的，不认为是犯罪。结合本案来看，张某的行为应当属于违反公司的规定，情节显著轻微、危害不大。一审判决张某构成职务侵占罪明显违反了刑法的谦抑性。动辄将违规或违法行为定为犯罪的做法不会达到预防和控制犯罪的效果，反而更容易激化社会矛盾。

律师思考

伴随着中国经济的快速发展，基于信息技术革命的互联网金融在我国也蓬勃地发展起来。2015央行联合十部委正式发布了《关于促进互联网金融健康发展的指导意见》正式承认了P2P的合法地位。此后，P2P平台犹如雨后春笋，业务开展得如火如荼，但由于P2P公司管理的不规范，从业人员素质良莠不齐，行业监管缺失等因素，造成了P2P公司的频繁“爆雷”。本案的发生正是在这一个大的背景下。

本案中，张某任职的A公司在多年前就从事P2P网贷业务，但A公司的管理却一直存在较大的安全隐患和漏洞，本应是权责清晰的总经理审批权限却成了本案的导火索。结合相关证据来看，A公司张某有最终放款的审批权限，但A公司却没有明确规定张某审批借款利率的范围，A公司对于内部员工借款金额和利率也没有明文的规定。因此，对于一审认定的张某违规操作设定低息侵占公司财产的行为，二审法院认为张某不构成犯罪的理由是充分的。本案同时也提醒了法律合规工作对公司的治理有着至关重要的作用。

一直以来，人们对于刑法谦抑性的理解主要局限在立法方面，认为立法机关只有在没有可以代替刑罚或其他适当方法的条件下，才能将某种违反法律法规的行为设定成犯罪行为。但却忽略了刑事司法过程中依然也可以适用谦抑性原则。法谚所说：“刑罚与其严厉，不如缓和。”在注重人权保障的今天，刑法的谦抑性对刑事司法无疑也具有重要意义。

认罪认罚，罪轻辩护，为当事人争取最轻刑事处罚
——马某、关某涉嫌假冒注册商标案

案情简介

马某（男）与关某（女）是一对夫妻，自2015年3月起，马某便在淘宝网上先后注册了二个网店出售手机皮套、手机膜等关联产品。2016年7月，马某让关某在闲暇时打理网店。然而好景不长，2016年9月9日，公安机关以二人涉嫌假冒注册商标罪将马某、关某当场抓获，并现场缴获假冒vivo、OPPO品牌的手机皮套、卡纸、包装盒一批，涉案金额达人民币8万余元。另查明，2016年5月至9月，马某与关某生产、销售假冒vivo、OPPO品牌的手机皮套的金额达人民币15万余元。S市L区人民检察院指控马某、关某涉嫌构成假冒注册商标罪。

律师策略

辩护人认为，应当从侦查阶段、审查起诉阶段、审判阶段各个阶段分别进行突破，实现有效辩护。在侦查阶段，成功变更为取保候审；在审查起诉阶段，通过仔细核算比对平台销售数据，

本篇撰稿人：谭晶文，北京市盈科（深圳）律师事务所合伙人律师。

提交了扣除后的销售金额数据，检察机关采纳了辩护人计算的销售金额；在审判阶段，从各方面进行实体辩护、程序辩护，最终人民法院采纳了辩护人的意见。

辩护效果

S市L区人民法院采纳了辩护人的意见，对关某免予刑事处罚。

辩护心得

案发时，夫妻俩还有刚满1岁的女儿嗷嗷待哺，家人陷入了焦急与慌张之中。在与家属面谈沟通后，辩护人深知这关系一个家庭。辩护人多次会见了被告人、查阅案卷材料，在对案件的基本事实有了较全面的了解后，发现了本案的突破口，制定了辩护方案。以下，对本案几个关键辩点予以阐述。

一、罪名之辩：假冒注册商标罪与销售假冒注册商标的商品罪

《刑法》第213条规定的假冒注册商标罪，是指未经注册商标所有人许可，在同一种商品上使用与其注册商标相同的商标的行为；第214条规定的销售假冒注册商标的商品罪，是指销售明知是假冒注册商标的商品的行为。两个罪名属于知识产权犯罪类中性质最为接近的犯罪，最大的区别在于犯罪的行为方式不同，销售假冒注册商标的商品罪的主要表现形式是销售，即流通领域内的买进卖出，至于如何生产这类假冒商标的商品在所不问；假冒注册商标罪核心在于假冒，即生产和制造擅自使用他人的注册商标的商品。

开庭审理此案时，马某、关某均对售卖假货的事实供认不讳，当庭表示认罪悔罪。辩护人在庭审中提出辩护意见：被告人关某犯罪实施的行为实际是将三种涉嫌假冒商标产品的组装在一起，其更侧重于销售假冒注册商标的商品，并非生产假冒注册商标的产品。

二、着重关注涉案金额，提出应扣除某手机品牌通用版皮套的销售金额、刷单金额

辩护人通过会见关某了解情况，除销售假冒 vivo、OPPO 品牌的手机皮套外，还销售了部分通用版手机钢化膜、某手机品牌通用版皮套。辩护人在审查起诉阶段向检察机关提出法律意见，指出已销售金额应扣除其销售通用版手机钢化膜、某手机品牌通用版皮套的金额。此外，两个淘宝店销售金额中还存在不少刷单数据，创业者后台有刷单记录，总计刷了 300 多单，涉及金额约几万元。因此，辩护人提出起诉书指控的销售金额计算错误，应将合法销售的某品牌通用版手机皮套、部分通用版手机钢化膜的金额和刷单部分销售金额扣除出去。辩护人通过仔细核算比对平台销售数据，提交了扣除后的销售金额数据。公诉机关采纳了辩护人的法律意见，扣除钢化膜的销售金额人民币 10690 元，得出两被告人已销售金额为人民币 146254.48 元。

三、提出出具鉴定意见的单位不具有法定鉴定资格，鉴定程序存在瑕疵的问题

本案中，辩护人提出出具鉴定意见的主体没有法定的鉴定资质，不合法。本案鉴定意见的出具主体是 S 市某知识产权代理有限公司，并非是侦查机关指派、聘请，也不是价格鉴定方面有专门知识的人，更不是国家认可的有鉴定资质的鉴定机构。S 市某知识产权代理有限公司基于该公司的委托开具的《价格证明》用作刑法上的《鉴定意见》使用，没有法律依据。

此外，鉴定程序存在瑕疵，鉴定文书上缺少鉴定人签名，送检材料、样本来源不明，鉴定程序违反规定，鉴定过程和方法不符合价格鉴定的规范要求，该鉴定意见不得作为定案的根据。

四、提出关某是从犯，参与的时间较短，所起作用较小

被告人关某在2016年7月以前因身体患病，刚生育小孩后身体虚弱一直在家中休养。2016年7月，马某利用租赁的房屋开设网店销售假冒vivo、OPPO品牌的手机皮套。2016年8月，关某到马某的租赁房屋共同生活。期间，被告人关某主要是帮忙做饭、打扫卫生，忙的时候帮忙打包。关某参与销售假冒注册商标的商品时间较短，从8月至9月9日案发，短短不足一月，且被告人关某在该销售假冒注册商标犯罪活动中为从犯，所起作用小，依法应当从轻、减轻处罚或者免予处罚。

此外，辩护人在庭审中提出本案的特殊性——存在“钓鱼执法”行为，提请法庭予以考虑。本案案发系因群众陈某在马某开设的网店上购买了一个OPPO手机皮套，后向侦查机关报案称所购买的商品是假货。侦查机关随即赶往马某出租屋内，将二人抓获。实际上，本案是商标权利人聘请的中介代理机构，知假买假，以达到通过侦查机关的司法介入解决假冒商标商品问题的目的。

五、提出关某犯罪情节轻微，建议免予刑事处罚

关于本案认定涉案的犯罪金额，销售金额确实存在刷单金额、钢化膜的销售金额以及淘宝店销售某手机的通用版皮套行为，该部分金额不应计入销售金额，提请法庭在量刑时考虑这一情节；

本案存在钓鱼执法的行为，请法庭予以考虑。关某在本案是从犯，参与的时间较短，涉嫌罪行较轻，所起的所用较小，从2016年8月至9月9日案发只有一个月的参与时间；关某在侦查阶段已取保候审，且表现良好，社会危害性较小；认罪态度好，归案后如实供述自己的罪行，有坦白情形等法定的和酌定的从轻、减轻处罚情节，建议免予刑事处罚。

律师思考

刑事辩护是一个艰苦的工作，往往涉及艰难的调查取证工作。根据调查取证的结果，提出证明犯罪嫌疑人、被告人无罪、罪轻或者减轻、免除其刑事责任的材料和意见，维护犯罪嫌疑人、被告人的合法权益。

本案中，辩护人在刑事案件的不同阶段进行突破，在侦查阶段，向公安机关提出关某参与时间不长、情节轻微，其行为尚不构成犯罪的意见，成功变更为取保候审；在审查起诉阶段，提出应扣除部分通用版手机钢化膜、某手机品牌通用版皮套的销售金额及刷单金额，并通过仔细核算比对平台销售数据，向检察机关提交了扣除相应部分的销售金额数据，成功被检察机关采纳；在审判阶段，提出罪名之辩、鉴定机构瑕疵、所起作用较小等实体问题、程序问题，提出关某犯罪情形轻微，建议免予刑事处罚的辩护意见。开庭当天，夫妻俩双双在法庭上留下悔恨的泪水。法院认为，被告人关某的犯罪情节轻微，不需要判处刑罚，依法免予刑事处罚。刑罚的最终目的，从来不在于惩罚，而在于换取公民对法律的敬畏。

程序辩护与实体辩护在个案中的结合运用

——叶某涉嫌侵犯著作权案

案情简介

本案是由T公司报案，并由国家版权局挂牌督办，S省版权局、S省公安厅和S省C市文化市场综合执法大队、S省C市公安局网安支队联合成立专案组执法、立案侦查的全国首例网络漫画侵权案。各知名新闻媒体对本案进行了全程跟踪报道。

自2014年8月以来，叶某、江某共同成立了S市X文化科技有限公司。在未经著作权人许可的情况下，利用江某之前建立的“爱漫画”网站，由胡某（当事人）通过各种途径搜集他人的大量漫画作品，并经其整理、编辑后上传至该网站供访客免费观看，以此提高网站访问量。同时，在该网站上提供刊登收费广告服务，收取广告商广告费。短短8个月，该公司就收取了来自广告商共计180余万元的广告费。经中国版权保护中心版权鉴定委员会鉴定，6部作品与T网站作品的对应内容相同；经日本内容产品海外流通促进机构确认，涉案的5216部日本作

本篇撰稿人：黄敬，北京市盈科律师事务所全球总部合伙人律师；易凡，北京市盈科（深圳）律师事务所合伙人律师。

品，权利人均未对该公司及网站进行过任何授权；经韩国著作权委员会北京代表处鉴定，该公司及网站所传播的附件上的23部韩国漫画作品未经权利人许可。

该案由S省版权局、S省公安厅和C市文化市场综合执法大队、C市公安局网安支队联合成立专案组执法、立案侦查，C市检察院批准逮捕并交由W区检察院审查起诉。C市检察院认为，叶某等人以营利为目的，未经著作权人许可，复制他人漫画作品，并通过信息网络擅自向公众传播，违法所得数额特别巨大，情节特别严重，应以侵犯著作权罪追究刑事责任，并建议量刑3年以上7年以下有期徒刑，并处罚金。

律师策略

辩护人通过精细化阅卷分析，发现本案的管辖权和证据存在较大问题，故采取了程序辩护与证据辩护相结合的辩护策略。具体辩护思路分两个方面：一是通过程序辩护质疑S省C市司法机关对案件的管辖权；二是通过证据辩护论证S省C市检察院指控证据不足、事实不清。

一、釜底抽薪推翻管辖权基础，程序辩护为本案赢得先机

众所周知，知识产权案件的管辖有其特殊性。依据最高人民法院、最高人民检察院、公安部《关于办理侵犯知识产权刑事案件适用法律若干问题的意见》第1条规定，侵犯知识产权犯罪案件由犯罪地公安机关立案侦查。必要时，可以由犯罪嫌疑人居住地公安机关立案侦查。侵犯知识产权犯罪案件的犯罪地，包括侵权产品制造地、储存地、运输地、销售地，传播侵权作品、销售

侵权产品的网站服务器所在地、网络接入地、网站建立者或者管理者所在地，侵权作品上传者所在地，权利人受到实际侵害的犯罪结果发生地。即知识产权犯罪案件由犯罪地、犯罪嫌疑人居住地、权利人受到实际侵害的犯罪结果发生地管辖。

关于犯罪地和犯罪嫌疑人居住地，本案所有被告人居住地均为G省S市；传播侵权作品、销售侵权产品的网站服务器所在地、网络接入地、网站建立者或者管理者所在地分别为SH市、J省Y市、G省S市。

关于权利人受到实际侵害的犯罪结果发生地，依据最高人民法院《关于全国部分法院知识产权审判工作座谈会纪要》关于知识产权地域管辖的观点，“在知识产权侵权纠纷案件中，侵权结果发生地，应当理解为是侵权行为直接产生的结果发生地，不能以原告受到损害就认为原告所在地就是侵权结果发生地”。依此，“权利人受到实际侵害的犯罪结果发生地”应当理解为法定犯罪结果的直接发生地，即被告人因侵权而获得经济利益的销售盈利地。具体到本案，被告人是在G省S市获利，则G省S市为权利人受到实际侵害的犯罪结果发生地。被侵权人虽然因为犯罪行为的发生而招致权利受损并可能产生经济损失，但这种损失在法律上是犯罪行为导致的间接后果，而非直接后果，因此不能解释为犯罪结果地。更何况本案证据尚不足以证明T公司因被告人侵权行为而遭受实际损失。

从现有证据角度，不足以证明T公司将涉案漫画作品存储于S省C市Y区电信机房。T公司与S市X文化科技有限公司同样属于涉案漫画作品使用方，无论是民事还是刑事上，其法律地位上都是相同的。在没有确凿证据证明T公司享有涉案漫画作品著作权的情况下，其不是本案的受害人，其所谓的“动漫运营的服务器托管”地与本案没有任何关联性。即S省C市对本案无管辖权。

二、辩护人精细阅卷，抽丝剥茧找出证据破绽

阅卷前需首先明确案件的证明对象有哪些，各证明对象一般需要哪些证据、本案是否有相应证据予以证明，如果缺失某个证据，将为辩护人制造怎样的辩护空间。以任务为导向进行阅卷，才能有的放矢，不会在过程中感到一头雾水。

首先，本案公诉机关需证明涉案的动漫作品是否存在著作权、著作权是否受我国法律保护。即本案需核实以下问题：（1）原始著作权人是谁；（2）涉案漫画作品是否在其作者所属国或者经常居住地国享有著作权，或所享有的著作权是否过期；（3）涉案漫画作品其作者所属国或者经常居住地国是否与中华人民共和国共同签署有国际条约；（4）涉案漫画作品是否因违反中华人民共和国法律而不受保护，如涉及暴力、淫秽、反动等不良信息的漫画作品。本案公诉机关如果不能证明动漫作品存在著作权或著作权受我国法律保护，就不存在法益侵害，则刑事追诉的基础就不存在。

其次，本案公诉机关还需证明T公司是受害人，这就涉及环环相扣的证据，缺一环就会导致证明不力。首先，必须证明T公司有经营动漫作品的资质。在此基础上，需证明T公司对动漫作品享有信息网络传播权，即需证明对漫画作品享有著作权的主体且T公司获得著作权人的授权。如果存在中间商，则需证明中间商获得著作权人的授权、T公司获得中间商的授权。以上证明环环相扣，缺一环则不可证明T公司是受害人，且证明任何主体是受害人都必须证明以上各个环节。一方面，根据工商登记查询发现，报案人T公司确实没有经营动漫作品的资质。另一方面，公安机关并未提取有关证明日本株式会社集英社是涉案漫画作品的著作权人的著作权权属证明，韩国著作权委员会北京代表处直接与著作权人联系并进行目视确认，但并未提供著作权人对相关作品的确认过程及确认材料。案卷中的授权材料仅是T公司提供的单方面复印资料，无法证明真实性。作为中间商的H市F动漫科技有限公司仅提供日本株式会社集英社所出具了《授权书》，但该授权书未经中国大使馆认证，不能确认其公章及《授权书》内容的真实性。如果公诉机关不能证明T公司是本案的被害人，其能证明其他主体是被害人的可能性更渺茫了。

本案公诉机关还需证明S市X文化科技有限公司的行为侵害了著作权。但公安机关仅提取了S市X文化科技有限公司服务器及硬盘（未制作提取笔录，未交由被告人指认，无法确认服务器和硬盘系被告人公司所有），未提取、固定爱漫画网站网页页面，也未对关键性数据或内容予以固定核实。即使在服务器和硬盘中提取到有关动漫作品，也只能证明X文化科技有限公司的存储行为，但将动漫作品存储在服务器中并不等于必然在互联网上传播。为了个人学习、研究或者欣赏目的而将他人已经发表的作品存储于私密硬盘中也不构成侵权，不能因为作品是存储于服务器硬盘就当然认定行为人会对外传播。并且，检材被污染，同一性无法确认。C市公安局电子物证鉴定所未经被告人指认和第三方监督即将封存的涉案服务器解封，并使用数据软件对硬盘数据进行重组及恢复操作，容易导致电子数据被已删除数据污染。即使在这种情况下，中国版权保护中心版权鉴定委员会出具的鉴定报告显示S市X文化科技有限公司存储的动漫作品与T公司网页内容只有图片类似，文字部分绝大部分是不同的……辩护人在本案中还有诸多辩护意见，限于篇幅，不再赘述。

为证明S市X文化科技有限公司的行为不构成侵害著作权罪，辩护人步步为营，导致检察院指控节节败退。但考虑到当事人已被羁押1年有余，为了让当事人尽早重获自由，故经与当事人协商，决定妥协以“即判即放”为辩护方向。

辩护效果

C市Y区人民法院最终采纳了律师的辩护意见，对胡某等3名被告人均在3年以下量刑，并均处以缓刑。当事人重获自由以后，第一时间来到律师事务所向辩护人赠送锦旗，以示感激。

辩护心得

一、巧用程序性辩护策略，为平等沟通创造条件

与实体性辩护针对的是被告人的事实行为不同，程序性辩护针对的是检控方的诉讼行为，此种辩护使庭审的对象发生转移：由审查被告人的事实行为转移到审查控诉机关的诉讼行为。我国的司法实践存在着重实体轻程序的现象，这就导致程序性辩护被采纳的难度非常大。但是，不能因为程序性辩护被采纳的可能性低就将其彻底放弃。在某些案件中可以将程序性辩护作为一项诉

讼策略，一旦辩护人提出办案机关无法回避的程序性失误，就能为当事人的量刑争取谈判空间。在本案的刑事辩护工作中，程序性辩护的巧用的确起到了围魏救赵的功效。

二、明确案件证明对象，让阅卷工作有的放矢

辩护人在进行阅卷前，必须首先明确案件证明对象的范围、各证明对象一般需要哪些证据、各证据一般会存在哪些问题、在某证据出问题的情况下会为辩护人制造哪些辩护空间。只有带着明确的目标去阅卷，才能确定证据审查的维度及重点，做到有的放矢，不至于一头雾水。辩护人在本案的阅卷过程中，之所以能做到既追求精细化而又不陷于细节，得益于严格遵循以上工作方法。只有步步为营，才能进退自如，在博弈中让对方妥协。

三、做好极限生存假设，在辩护意见中打出组合拳

借鉴华为公司极限生存假设的智慧，我们的刑事辩护工作也需随时做好最坏的打算，以倒逼自己作出尽可能完善的应对。即使自认为已经充分挖掘出案件的辩护空间，也需要考虑在现有的辩护意见都不被采纳的情况下，还有哪些辩护空间可供挖掘。只有步步为营，打出一套组合拳，刑事辩护工作才有穿透力。本案得益于辩护人全方位、多角度挖掘辩护空间，层层设防，打出了一套精彩的组合拳，最终取得令当事人满意的辩护效果。

律师思考

媒体通常会对有重大社会影响的案件跟踪报道，其制造的社会舆论导向会对法官依法判决形成巨大压力，这必然也会给律师的辩护工作带来阻力。辩护人不仅要解决案件中的法律问题，还要消除案外因素对法官依法判决的影响，这对律师的辩护工作提出了更高的要求。所以，辩护人不仅要打磨专业，还需提高心理素质和抗压能力。正所谓“欲戴王冠，必承其重”。如果律师的辩护工作能够力挽狂澜，那么媒体的报道就会转化为对辩护人的品牌宣传。

作为全国首例涉外网络漫画侵权案，司法机关打算将本案作为典型，知名媒体又全程跟踪报道，辩护人确实承受着巨大的办案压力。最终案件能取得让当事人满意的结果，让一切的付出都变得值得。

诉讼可视化在刑事辩护中的有效应用
——陈某涉嫌侵犯公民个人信息案

案情简介

被告人陈某与钟某系某派出所辅警，二人因工作知悉民警麦某数字查询证书（PKI）的密码，并经麦某授权可以使用麦某的数字查询证书进入公安网电脑查询系统进行查询工作。2016年11月，李四提出向陈某购买公民个人信息，陈某答应。陈某与钟某密谋后，开始频繁使用麦某的数字查询证书进入公安网电脑查询系统查询李四所需要的公民个人信息，将该信息拍照后通过微信发送给李四，同时收取李四给予的好处费再由二人均分。

公诉机关认定，二被告人共非法获取9308条公民个人信息并将其出售给李四，非法获利1万元人民币。其中，2017年5月3日，二被告人将被害人张某的个人信息出售给李四，导致诈骗分子王五利用该个人信息诈骗张某人民币253万余元。基于以上认定的事实，公诉机关指控陈某涉嫌侵犯公民个人信息罪，情节特别严重，建议判处陈某3年到4年有期徒刑，并处罚金。

本篇撰稿人：易凡，北京市盈科（深圳）律师事务所合伙人律师；陈新玉，北京市盈科（深圳）律师事务所专职律师。

律师策略

一、刑法上因果关系理论＋诉讼可视化成功打掉“情节特别严重”，法定刑降格适用

依据《最高人民法院、最高人民检察院关于办理侵犯公民个人信息刑事案件适用法律若干问题的解释》（以下简称《解释》）第 5 条之规定，侵犯公民个人信息造成重大经济损失的，应当认定为情节特别严重，处 3 年以上 7 年以下有期徒刑，并处罚金。

本案要成功将陈某的刑罚幅度降下来，必须首先证明被告人陈某的行为没有造成重大经济损失，推翻检察院指控的“情节特别严重”。首先，通过对被害人张某银行流水的细致梳理，辩护人发现王五在 2017 年 5 月 3 日被告人陈某向其提供个人信息之前就已经从被害人张某的账户中转出 50 余万元，说明被害人张某在被告人陈某向王五提供个人信息之前就已经陷入错误认识并丧失对财物的控制。根据被害人张某的陈述，被害人张某并不是因为被告人陈某提供给王五的户籍信息陷入错误认识，而是因为其自行泄露行踪轨迹信息、通信内容、财产信息、通信记录、交易信息等可能影响人身、财产安全的公民个人信息才导致其遭受巨大经济损失。辩护人基于以上两点论证，并利用可视化图表呈现案件事实的关键节点，最终成功推翻检察院指控的“情节特别严重”。

二、抽丝剥茧终推翻检察院量刑建议中的加重情节

检察院在量刑建议中指控陈某“将在履行职责或者提供服务

过程中获得的公民个人信息出售给他人”，建议法院应当从重处罚。该指控乍一看是合乎逻辑的，但是辩护人深入剖析，从法律规范和案件事实两方面推翻检察院关于从重情节的指控。依据《公安机关执法办案信息系统使用管理规定》，被告人陈某作为辅警，并无权限操作查询该系统，即陈某并不是在履行职责的过程中合法获取公民个人信息，而是通过非法途径获取。

辩护效果

本案辩护人提出的五点辩护意见全部被法院采纳。检察院量刑建议是“3 年到 4 年有期徒刑，并处罚金”，辩护人建议对被告人陈某在 2 年有期徒刑以下量刑。法院最终采纳辩护人的建议，判处被告人陈某 2 年有期徒刑，并处罚金 2 万元。

辩护心得

一、细致的证据审查能为有效辩护提供证据支撑

刑事辩护须有理有据，辩护人应当在细致的证据审查中筛选出与自己的辩护观点有关的证据，以确定辩护观点是否成立。只有有证据支撑的辩护观点才有穿透力，才能最大程度上说服法官。如果仅仅只是提出一个辩护观点，而无法律、证据等予以支撑，就可能沦为“形式辩护”。

本案在审查被害人的银行流水时，辩护人发现王五在 2017 年 5 月 3 日陈某向其提供个人信息之前就已经从被害人张某的账户中转出 50 余万元，说明被害人张某在被告人陈某向王五提供个人信息之前就已经陷入错误认识并丧失对财物的控制。辩护人接下

来就从时间角度对被害人张某的银行流水进行整理，并与被害人张某的笔录相结合，从而有力支撑了辩护人提出的“被害人张某的经济损失与被告人陈某提供个人信息的行为之间没有因果关系”这一辩护观点。

二、诉讼可视化高效传递信息，助力说服法官

正所谓“一图胜千言”，诉讼可视化可以简化信息，有利于辩护观点的高效传递，并且减少信息传递过程中的异化。

为高效传达辩护观点，诉讼可视化已经成为团队辩护人的必备动作。在本案中，对被害人张某的银行流水进行梳理以后，辩护人制作了张某被诈骗因果关系示意图、张某被诈骗时间轴等可视化成果，作为辩护意见的附件一并提交法院。相信诉讼可视化成果在说服法院最终采纳律师辩护意见的过程中起到了一定助力作用。

三、逆向思维精准把握检方指控，辩护人有的放矢

逆向思维对于辩护人充分挖掘辩护空间至关重要。正所谓“知己知彼，百战不殆”，只有先找到检察院的指控逻辑，才能有效反驳，甚至是推翻指控。而如果能把握检察院的指控逻辑体系，就能对指控进行体系性反驳，从而做到不遗漏一丝一毫的辩护空间。

逆向思维要求辩护人在审查证据时不能遗漏任何材料，哪怕只是一张纸片。在办理本案的过程中，辩护人不仅关注起诉书上的指控逻辑，也注意到检察院量刑建议中提到“被告人将在履行职责或提供服务过程中获得的公民个人信息出售给他人，依法应当从重处罚”，并量刑 3 年到 4 年有期徒刑。由此可以看出，检察官认为应当从重的指控逻辑是：被告人陈某提供给王五的信息是在履行辅警工作职责的过程中获得的，依据《刑法》第253条之一第2款的规定，应当从重处罚。针对该指控逻辑，辩护人就从陈某作为辅警没有访问系统的权限和陈某未经民警授权并在非工作时间盗用其账号获取信息两方面进行反驳。最终法院采纳了辩护人的观点，对公诉机关的意见不予采纳。

律师思考

在办理本案的过程中，辩护人对于《解释》第5条关于“情节严重”和“情节特别严重”的规定进行了一定的法理思考。

《解释》第5条第1款第1项“出售或者提供行踪轨迹信息，被他人用于犯罪的”作为“情节严重”的一种表现形式，第5条第2款第2项“造成重大经济损失或者恶劣社会影响的”作为“情节特别严重”的一种表现形式，即非法获取、出售或者提供公民个人信息是否构成犯罪、在哪个区间进行量刑完全取决于他人的行为。但是，非法获取、出售或者提供的公民个人信息是否“被他人用于犯罪”、是否“造成重大经济损失或者恶劣社会影响的”并不受行为人控制，《解释》作出这种规定是否符合刑法主客观相一致的原则？如果符合，《解释》如此规定的原因是什么？律师又该如何挖掘其中的辩护空间呢？

此种认定方式的确无法完全契合人们普通法感情、罪责自负以及主客观相统一原则，对此，部分刑法学者认为一个人是否构成犯罪如果由他人或第三方的行为来决定，不符合我国刑法罪责刑相适应的基本原则，也违背了犯罪构成的基本原理，不符合刑法的价值目标追求。

林钰雄教授将这种列为不法和罪责之外的要件称为客观处罚条件，其适用结果纯粹取决于客观上的条件是否成就。[①]客观处罚条件并不是实行行为直接导致的后果，而是处在实行行为的延长线上，由介入的第三人的行为导致。客观处罚条件只是将先前非法获取、出售或者提供公民个人信息行为所产生的潜在危险现实化，从而达到可罚的或法定刑升格的违法性程度。客观处罚要件认为这种不能为行为人掌控的第三方造成的结果，是属于构成要件要素，但是不要求行为人主观上对其有故意或者过失，只要求行为人对其有认识可能性即可。[②]

综上所述，个人信息被他人用于不法或造成重大财产损失加深了非法获取、出售或者提供公民个人信息行为之结果不法的含量，仍在构成要件基本不法量域的范围之内。因此，此种认定方式依然符合主客观相一致的原则。

本罪的认定方式不仅旨在保护隐私权在内的公民个人信息自决权的个人法益，还意在切断其他犯罪源头以维护社会秩序。此种认定方式目的是为了严密保护公民个人信息安全以及相关利益不受侵犯，指示行为人审慎对待自己掌握的公民个人信息，尽到严密的保管义务、禁止作出出售或者提供行踪轨迹信息行为，否则一旦被他人用于犯罪，就需要承受相应刑罚处罚。

在办理侵犯公民个人信息犯罪案件时，辩护人应重点审查他

① 参见林钰雄著:《新刑法总则》，元照出版公司2006年版，第308页。

② 参见李翔:“侵犯公民个人信息罪司法适用疑难问题探究”，载《法律适用》2018年第7期。

人实施犯罪所利用的信息中是否包含行为人提供的信息、重大经济损失或者恶劣社会影响是否由是行为人所提供的信息造成，即现实化的危险与实行行为之间是否存在刑法上的因果关系。在所有犯罪构成要件包含客观处罚条件的罪名中，辩护人都应将现实化的危险与实行行为之间的因果关系作为审查重点。

内幕交易罪中关系密切与交易异常的认定

——王某涉嫌内幕交易案

案情简介

2016年4月27日，A公司发布公告称，A公司拟以发行股份及支付现金相结合的方式购买B公司100%股权，该重大事项在公开前属于《证券法》规定的内幕信息，内幕信息敏感期为2016年4月12日至2016年4月27日。时任A公司副总裁兼公司董秘马某作为本次收购事宜的直接策划、谈判以及具体执行人，是内幕信息知情人。王某与马某关系密切，王某为C公司法定代表人、董事长，C公司为A公司前十大股东之一，且两公司有共同投资项目。在内幕信息敏感期前，王某对A公司的重大投资决策相当知悉，且非法获取马某与他人电话谈到拟收购重组的内幕信息后，在内幕信息敏感期内，王某控制本人证券账户，于2016年4月14日至2016年4月25日期间，累计买入A公司股票1，869，988股，成交金额1293万余元，并于2016年9月27日（A公司复牌之日）至2016年10月18日期间全部卖出，实际获利112万余元。王某上述交易与内幕

本篇撰稿人：袁晓雨，北京市盈科（深圳）律师事务所律师。

信息形成和公开过程高度吻合。2017 年 11 月 9 日，中国证券监督管理委员会 C 省监管局对王某依法作出了 112 万余元的没收违法所得，并处以 336 万余元罚款的行政处罚决定。该行政处罚已经全部执行完毕。本案由中国证券监督管理委员会于 2018 年 6 月 6 日移送至公安机关，公安机关于 2018 年 9 月 18 日对王某以内幕交易罪进行立案侦查。2019 年 12 月，G 省 S 市中级人民法院对王某判处 1 年 4 个月有期徒刑，王某未上诉，检察院未抗诉，现判决已经生效。

律师策略

一、事实辩护

起诉书认定王某属于与内幕信息知情人关系密切的人员，认定王某大量购买 A 公司股票的交易行为明显异常且无正当理由或正当信息来源不符合事实。“关系密切”应从社会关系、法律关系的层面予以认定，本案中，不论从社会关系，还是从法律关系上看，王某与内幕信息知情人马某均不构成关系密切。

二、证据辩护

本案中，证监会的行政处罚决定和 C 省证监局的调查报告中，认定王某为“非法获取内幕信息的人员”，该认定不属于《刑法》第 180 条授权认定的范围，不应作为本案定罪的证据使用。

三、法理辩护

对于王某此类被认定为是与内幕信息知情人员关系密切的人员，鉴于证券犯罪领域侦查机关一般难以获取直接证明其从知情人处知晓内幕信息的证据，因此适用司法解释的相关规定，对于王某是否属于关系密切人员、交易是否明显异常的认定更应当慎之又慎，才能确保本案处理结果的公平公正。

辩护效果

S市中级人民法院对王某判处1年4个月有期徒刑。

辩护心得

一、基于“关系密切”而构成非法获取内幕信息人员的认定

《最高人民法院、最高人民检察院关于办理内幕交易、泄露内幕信息刑事案件具体应用法律若干问题的解释》（以下简称“司法解释”）第2条规定，将《刑法》第180条第1款所规定的“非法获取证券、期货交易内幕信息的人员”分为以下三类：（1）利用窃取、骗取、套取、窃听、利诱、刺探或者私下交易等手段获取内幕信息的；（2）内幕信息知情人员的近亲属或者其他与内幕信息知情人员关系密切的人员，在内幕信息敏感期内，从事或者明示、暗示他人从事，或者泄露内幕信息导致他人从事与该内幕信息有关的证券、期货交易，相关交易行为明显异常，且无正当理由或者正当信息来源的；（3）在内幕信息敏感期内，与内幕信息知情人员联络、接触，从事或者明示、暗示他人从事，或者泄露内幕信息导致他人从事与该内幕信息有关的证券、期货交易，相关交易行为明显异常，且无正当理由或者正当信息来源的。

其中，第一类人员的认定需有证据证实行为人实施了通过

窃取、骗取等手段获取内幕信息的行为，第三类人员的认定需有证据证实行为人在内幕信息敏感期内与内幕信息知情人有联络、接触；唯有第二类中“其他与内幕信息知情人员关系密切的人员”的认定是主观的、模糊的、没有明确证明标准的。这类人员是基于与内幕信息知情人员的“密切关系”而获知了内幕信息，只是获取的手段隐蔽、难以调查取证，故而免除了司法机关关于如何获取内幕信息的举证责任。也就是说，对于第二类关系密切人员，司法机关只需证明行为人属于与内幕信息知情人员关系密切的人员，客观上交易行为明显异常且无正当理由或来源，即可推定其非法获取了内幕信息，从而认定其构成内幕交易罪。在这样的推定规则下，就要求司法机关在认定密切关系时从严把握，审慎认定，否则就会容易陷入错误归罪的风险。

例如，行为人跟某上市公司高管是亲戚、朋友、同事、同学的关系，如果该高管曾经向行为人谈及过公司发展前景良好，行为人因此而开始关注该公司的股票，并在基于对股票长时间的分析、评估基础上决定买入该公司股票，恰好这一买入行为发生在内幕信息敏感期内。此时行为人是否应当评价为内幕交易行为？在此种情形下，司法机关对于行为人与该高管是否具有密切关系的认定就会显得异常重要，因为只有认定其属于密切关系，才有了推定行为人构成内幕交易犯罪的情理和法理基础。

那么，密切关系应当如何认定？辩护人认为，“密切关系”可从法律关系层面和社会关系层面综合认定。

（一）法律关系层面

司法解释第 2 条第 2 项关于“非法获取证券、期货交易内幕信息的人员”的规定中，将“其他与内幕信息知情人员关系密切的人员”放在“内幕信息知情人员的近亲属”之后，二者属于并列关系。因此从法律解释上看，“关系密切的人员”与“近亲属”在主体身份上应具有相似性，即与知情人之间关系密切程度具有相似性。司法解释之所以这样规定，原因在于根据社会经验和逻辑常理，内幕信息知情人通常是对证券交易行为规则有充分认知的人，其明知我国法律法规明确禁止泄露内幕信息，因此只有在基于与行为人系近亲属或关系密切到与近亲属相似的前提下，才有可能冒着违法犯罪的风险，将内幕信息泄露给行为人。

司法案例中也体现了上述逻辑认定。关于密切关系的认定，均是在非法获取内幕信息的行为人与内幕信息知情人存在亲戚、“发小”、男女朋友等具有密切私交关系的基础上认定。也就是说，除了近亲属以外，至少要达到情侣、发小、知己这种程度，才会使人们产生内幕信息知情人会为了行为人的利益而冒着违法犯罪的风险泄露内幕信息的合理怀疑，从而来推定行为人与知情人关系密切。如果只是一般的同事、朋友、客户，则相当于是将怀疑对象延伸到所有与知情人认识的人员，丧失了怀疑的合理性和法理的正当性。

（二）社会关系层面

行为人与内幕信息知情人的社会关系是否密切，主要是基于常识和基本经验，从双方客观交往情况来判断。辩护人将其总结为以下几个方面：

1. 双方认识的情况。是因私人生活中的接触而认识，如同学、校友、室友或者生活圈子有所交集；还是因工作往来而认识，通常前者发展为密友的可能性会比后者大。

2. 双方日常见面的联系频率、内容。如是否在同一个城市、同一个公司、同一个小区，见面频率大小、聊天内容等。

3. 双方日常微信、电话的联系频率、内容。双方是否保持稳定联系频率，聊天内容是否涉及工作生活的各方面等。

4. 双方的家人、朋友之间是否有交集，如互相都认识彼此的朋友、伴侣、子女，自己子女的实习即安排在对方公司等，则可以佐证二人的社交圈已经相互渗透，从而认定为关系密切。

二、"相关交易明显异常"及"合理解释"的认定

司法解释第 2 条规定的第二类、第三类非法获取内幕信息的人员，均必须是在内幕信息敏感期内从事或明示、暗示他人从事与内幕信息相关的证券、期货交易，相关交易行为明显异常且无正当理由或正当信息来源。司法解释第 3 条随之即对该"相关交易行为明显异常"应当如何认定作了规定——要综合以下情形，从时间吻合程度、交易背离程度和利益关联程度等方面予以认定：（1）开户、销户、激活资金账户或者指定交易（托管）、撤销指定交易（转托管）的时间与该内幕信息形成、变化、公开时间基本一致的；（2）资金变化与该内幕信息形成、变化、公开时间基本一致的；（3）买入或者卖出与内幕信息有关的证券、期货合约时间与内幕信息的形成、变化和公开时间基本一致的；（4）买入或者卖出与内幕信息有关的证券、期货合约时间与获悉内幕信息的时间基本一致的；（5）买入或者卖出证券、期货合约行为明显与平时交易习惯不同的；（6）买入或者卖出证券、期货合约行为，或者集中持有证券、期货合约行为与该证券、期货公开信息反映的基本面明显背离的；（7）账户交易资金进出与该内幕信息知情人员或者非法获取人员有关联或者利害关系的；（8）其他交易行为明显异常情形。

我们来分析这一规定：行为人具有非法获取内幕信息的主体身份，且“相关交易行为明显异常”，这一事实属于基础事实；其证券交易行为构成内幕交易，这一事实属于推定事实。司法机关需要对基础事实承担举证责任，行为人则对推翻基础事实和推定事实承担举证责任，只有司法机关认定的基础事实成立，才需要行为人承担后续举证责任。也就是说，行为人能否对其行为提出正当理由或作出合理解释，是行为人出罪的理由，而不是入罪的条件。

但司法实践中并非如此认定。理由在于，“相关交易行为”是客观事实，“明显异常”是主观认定。司法机关对行为人的相关交易的客观事实举证完成后，很容易就会达成内心确信，认定行为人的相关交易明显异常。因此在司法实践中，行为人的举证责任相当于前置了一步，即司法机关只需负责对行为人的相关交易的整个过程、交易手段、交易量举证，由行为人对此进行合理解释，包括交易行为是如何发生、为什么在这个时间点发生、为什么会选择这只股票进行交易，以及对交易量、交易手段作出解释等；无法合理解释的，即认定为明显异常。

那么，怎样的解释才能被认定为是合理解释？辩护人将从以下两方面论述。

（一）合理解释应具备的特征

1. 具体性。行为人的解释必须具体才能有说服力。例如，领导交代的事情没有按时完成，你的解释是“家里出了点事情”。这种过于省略的解释，显然会被视为你是在偷懒、拖延、工作不尽责。如果你具体一点解释，例如，你已经做完但电脑出了问题未能及时保存，电脑无法开机已经送去维修等——这种具体的解释就让人更容易理解、信服。

2. 全面性。行为人的解释应当是对所有重大疑点一一进行回应。如果只对部分疑点进行解释，即使这部分的解释都在情在理，也恐难推翻司法机关对于交易异常的认定。例如，行为人声称其交易是基于专业判断，并对是基于什么前提所做的判断进行了说明，但未对其使用他人账户进行交易进行解释，此类不全面的解释便难以得到采信。

3. 真实性。行为人所作的解释，应当有相关的证据予以证明，而不是行为人的一面之词。

（二）合理解释的切入点

1. 涉案交易行为是否背离行为人的交易习惯。例如，行为人除涉案交易外，还有多次类似本次交易的短线买入、卖出的交易，交易金额也均相近，就说明没有背离其交易习惯。

2. 行为人购买涉案股票是一次性买入，还是分多笔多次逐渐买入。例如，行为人在购买过程中，发现有资金不断进入，从而坚定了购买信心，便持续关注、多次买入，说明行为人是在基于专业判断的基础上实施的交易行为。

3. 除本次涉案交易行为外，行为人是否还有买卖涉案股票的行为。如果有则说明行为人有持续关注涉案股票，从而证明行为人购买涉案股票的理由至少一部分是基于其专业判断。

4. 行为人的涉案交易量占其证券账户总资金和市值的比重。如果行为人获取了内幕信息，往往会为了追求最大利润，重仓甚至全仓投入，而如果行为人投入的资金占其总资金和市值的比例相对较小，说明行为人除了买入涉案股票外还同时持有大量其他公司的股票，不合常理，因此可以推定行为人在买入涉案股票时并未获悉内幕信息。

5. 行为人是否使用他人账户或临时开设账户以逃避监管。

6. 行为人购买涉案股票的资金来源是否正常，是否存在借资以重仓购入涉案股票的行为。

7. 行为人是否存在基于多年投资经验、分析、判断而购买涉案股票的可能。行为人如果是常年炒股，对涉案股票又长期关注，或者自身与发行涉案股票的公司有合作或往来，对该公司有一定了解，则就不能排除行为人是基于自身判断而购买涉案股票的合理怀疑。

遗憾的是，不论是行政执法领域还是刑事司法领域，辩护人未能检索到任何将行为人对其交易行为进行的解释认定为是“合理解释”的案例，但我们仍可从证监会、法院对行为人所做解释的驳斥思路、裁判逻辑中借鉴一二。辩护人选取了两个较具参加价值的案例：其中参考案例 1：金某强案［证监会（2017）81 号行政处罚决定书］，虽未被证监会采纳为合理解释，但辩护人认为其解释已经足够具体、充分、合理；案例 2：陈某龙犯内幕交易、泄露内幕信息罪［（2015）浙杭刑初字第 78 号］中，法院对行为人所作出的解释不予采信进行了详细阐述。

律师思考

对于王某此类被认定为是与内幕信息知情人员关系密切的人员，由于预设了“只要是关系密切，任何时候、多种渠道都可以获取信息”，因而难以查明行为是如何获取信息的前提，相关司法解释免去了司法机关对此类人员如何获取内幕信息的举证责任。

此类情形司法机关就只需要证明行为人与内幕信息知情人员关系密切，就可以推定其非法获取了内幕信息，这种实质上属于变相的“有罪推定”：首先，行为人具备了某种特殊身份，足以产生其可能获取内幕信息的合理怀疑。其次，客观上其交易行为又明显异常。但应注意，是“明显”异常而非一般异常，正是“明显”一词对有罪推定作出了合理的限制。因为证券活动中对于异常的认定，太过容易且主观，只要第一次买入相关证券，或者买入量放大，都可以说是异常。再次，行为人没有正当理由或正当信息来源。该要件属于阻却犯罪的抗辩理由，既然是做有罪推定，法律必然应给予行为人反驳的机会，同时也是为了减少有罪推定可能造成的冤假错案。

这种推定的规则，实质上是以客观推主观，具体到本案即是以存在可能获取内幕信息的渠道且交易异常，就推定王某属于与知情人员关系密切的人员。正是因为司法解释中隐藏的该变相客观归罪规则的存在，本案中对于王某究竟是否属于与知情人员关系密切的人员、其交易行为是否明显异常，更应当慎之又慎的予以认定，才能真正体现人民法院公平公正、执法为民的司法理念，实现执法效果与经济效果、社会效果的统一。

玩忽职守导致国家损失近千万元，为何法院仅判处缓刑

——苏某涉嫌玩忽职守案

案情简介

被告人苏某自2017年9月起在某县卫生和计划生育局从事财务工作，任财务股负责人，负责监督、督促会计和出纳的工作。2017年9月至2019年1月期间，苏某未认真履行工作职责，未有效落实财务岗位职责及财务内控制度，对财务工作管理监督不到位，财务审批流于形式；在会计人员变动后未及时督促落实更换银行预留印鉴，对印鉴管理混乱，导致出纳利用职务之便，通过假冒苏某及局领导陶某签字、私自截留使用原会计个人印鉴、私刻银行公章、销毁和隐藏原始凭证、伪造银行对账单及财政支付流水等方式方法在2017年9月至2019年1月共挪用县卫计局相关账户9846220.70元用于网络赌博，至今未能归还。

本篇撰稿人：陆晓源，北京市盈科（深圳）律师事务所专职律师。

律师策略

一、准确把脉案件最核心焦点，确立切实可行的辩护目标以及最有效的辩护方式

辩护人介入后，经过会见和阅卷后即敏锐判断，本案最核心的焦点是苏某的行为与国家损失之间是否具有刑法上的因果关系。辩护人认为苏某的行为是导致损害结果发生的客观原因之一，事实上的因果关系应当成立。但是基于归责理论，苏某对于出纳盗窃财务系统登录密码、仿冒其签名等行为不可预见，而且在苏某的职责范围内，无论是否认真履职，本案结果的发生不可避免，所以不可归责，苏某的行为与结果之间不具有法律上的因果关系，本案刑法上的因果关系不能成立。据此，本案在定罪上存在重大困难。

二、从事实和法律两方面进行考察，分别判断事实因果关系和法律因果关系是否成立，从而能否构成犯罪，通过无罪辩护达到从轻处罚的目标

1. 玩忽职守是渎职犯罪，兼具过失犯罪和不作为犯罪的特征。从过失犯罪的规定和理论来看，行为人应当对危害结果的发生具有预见。从不作为规定和理论来看，行为人应当履行而未履行，前提也是要有预见性。所以，归责的前提和核心必须解决“可以预见”的问题，可以预见 + 不可避免 = 可以归责。

2. 认可公诉机关指控本案存在事实上的因果关系，但刑法因果关系认定有特定的层次性、递进性思维过程，必须分别从事实和法律两方面进行考察，分别判断事实因果关系和法律因果关系是否成立，而且这两方面的考察不是同时进行，而是应当分两个步骤先后进行。第一步判断事实因果关系，第二步评价法律因果关系。

3. 本案出纳挪用公款的具体犯罪步骤：

第一步，冒充会计登录财务电脑系统，填写申请单据；

第二步，依次仿冒会计、财务负责人、局长签名审批同意；

第三步，使用私刻、脱管的会计印鉴，盖章通过；

第四步，蒙蔽单位公章管理人，盖章通过；

第五步，利用私藏或者私刻的会计印鉴，办理银行支票转账；

第六步，伪造银行单据，篡改会计统计余额数据，欺瞒本单位，掩盖犯罪事实，也为下一次挪用公款做准备。

上述六步必须逐步具备，缺一不可。任何人如果能在其中任一环节有所预见，并进行阻止，本案的危害结果就可以避免。辩护人认为，从财务部门负责人的职责角度，苏某不仅对于本案结果发生不具有法律上的可预见性，更无法避免。

4. 财务负责人的工作职责决定了其无法有效发现并阻止危害结果发生。会计审核的本质是对出纳工作的校正和监督，会计承担着对出账申请事项的真实性、账户款项数据的真实性查看和核对责任，这种最直接的第一手财务工作，决定了是由会计履行实质审核的职责。所以，如果会计没能及时发现本单位财务数据被篡改，没能保管好会计印鉴，应当认定会计失职。

本案正是由于会计失职，即没有管理好会计电脑登录系统账号，导致出纳擅自登录打印、填写申请单，没有管理好印鉴，导致出纳可以擅自使用，没有亲自登录财政电脑系统查看账户情况，以致没有发现公款已被挪用，所以出纳可以再而三持续作案。可以清晰看出，前述所有失职原因均不在财务负责人的直接工作范围内。多因一果导致出纳挪用公款的结果发生，这里的多因，并未包括苏某的行为在内，可以阻止危害结果发生的环节是在会计，而不是苏某。

出纳挪用公款过程中，一旦会计登录系统被非法掌控，会计一旦被骗，其他人根本没有机会挽救。虽然财务负责人作为单位部门管理者，承担了监督管理的责任，但是监督不等同于事无巨细全部直接操办。出纳假冒财务负责人签名，非苏某能够知悉，也就不可能阻止。而且，由于出纳是假冒了所有人的签名，完全脱离了财务监管，也让财务负责人，失去了辨识其他人签字真伪的机会，因此，苏某对本案的发生不具有预见性。

同样的，出纳私刻印鉴，导致其他所有人失去了辨识机会。出纳私刻假印鉴上交给财务负责人，隐藏真印鉴为今后实施犯罪作准备，对此苏某无法预见，因为此时其也是被骗者，其对结果不可阻止和避免。出纳的犯罪手法，其具有伪造印鉴、公章的行为，即使及时更换银行印鉴，新的印鉴照样会回到出纳手中，出纳依然可以使用新印鉴挪用公款。所以是否及时更换银行印鉴，不是避免出纳挪用公款的关键，关键是会计是否认真履职保管好印鉴，无论是新印鉴还是旧印鉴。

5. 苏某作为财务负责人，其工作职责属于形式审核，不存在监督过失，应当认定为已经认真履职。

财务负责人的职责是监督财务人员（包括会计）的行为是否符合规定，包括财务支出理由是否明显虚假、财务人员签名是否明显伪造、财务印鉴是否具备等，这种程序性签字确认，无需对数据进行再一次的实地查看，所以属于形式审核。苏某没有遗漏任何书面审核事项，就应当认定是认真履职。

本案会计审核行为发生在先，苏某审核行为发生在后，如果会计审核没能发现问题，但如果苏某审核能够发现问题，就能够弥补会计审核不严的过失，从而有效阻止犯罪结果的发生，此时苏某对于危害结果才是可以避免的。但是根据本案实际，虽然财务负责人审核行为发生在后，但由于会计的在先行为没有认真履行实质审核的职责，导致在后的审核是建立在一个已经错误的审核行为之上。换句话说，如果在先行为错误，在后行为根本无法发现错误，无法弥补错误，也就无法防止犯罪结果的发生，那么在先行为可以归责，而在后行为不可归责。更具体地说，如果会计自己打印对账单进行核账，或者会计自己查询财政支付系统的流水，或者会计保管好财务专用章，或者公章管理人，核对签名认真负责进行检查核对，出纳挪用公款的危害结果就可以避免。唯独苏某在自己的职权范围内无论怎么样认真负责，其都无法避免出纳挪用公款，所以不可归责。

6. 不能依据某一环节与危害结果的距离远近来判断是否可以预见。例如，根据出纳的犯罪流程，银行转账完成是本案的犯罪既遂点，但并不意味着越是接近既遂点的环节（如加盖公章），越属于可以预见的环节，而越是远离既遂点的环节（如出纳签字同意），越有可能属于不可以预见的环节。再例如，财务负责人的审批程序，比会计审核程序更为靠近既遂点（危害结果），所以在两个环节的比较中，苏某的审核就更加应当具有可预见性，这也是错误的。虽然从表面上看，财务负责人的审批使得出纳更加接近犯罪目的，但是该环节却不是对结果发生发展起到明显直接推动的因素，真正的推动因素恰好是更为远距的会计审核环节，这才是出纳实现犯罪行为的重要环节。所以，辩护人必须由表及里，不被表象迷惑，不能机械归类原因的种类，而要纵观整个犯罪过程，找出导致危害结果的实质原因，尤其是那些造成了“一步错，步步错”的初始环节，才会是因果链条中的可归责环节。

辩护效果

被告人苏某犯玩忽职守罪，判处有期徒刑 1 年 6 个月，缓刑 2 年。

辩护心得

第一，渎职类犯罪，定罪量刑更容易受到各种社会因素的影响，导致证据认定标准和法律适用上的区别对待。因此不仅要正确理解法律，而且要全面掌握和评估各种案外因素，有效将二者融合考量，方能对案件走向和结果作出准确判断。

第二，玩忽职守罪的定罪量刑，尽管受到当下司法政策松紧程度、社会影响大小等因素影响，但必须坚持罪刑法定原则。本案中，辩护人在不影响被告人认罪认罚的情况下，以无罪辩护的方式，揭示案件在证据以及法律适用上存在的重大问题，最终取得到法院量刑上的积极效果。

第三，制定切实可行的辩护策略。本案造成国家损失数额特别巨大，如果定罪证据确实充分，量刑最高可达 7 年。笔者接受委托之后，通过阅卷、会见被告人，发现本案定罪存在一定法律适用障碍，尤其是刑法因果关系的认定存在明显争议，于是将此作为本案的重要辩点之一，结果证明这样的策略是可行、正确的。

第四，实现委托人利益最大化的结果。无论是无罪辩护，还是罪轻辩护，在实现委托人利益最大化的同时，律师也应当注意自身风险防范，不能违反职业道德。

律师思考

刑法因果关系的认定是极具争议的，认定的路径和方式千差万别，目前立法上尚未明确统一。在考虑到玩忽职守罪的定罪量刑很容易受到当下司法政策松紧程度、社会影响大小等因素影响，以本案在当地县城的影响程度、舆论导向等因素，要实现无罪辩护的目标是非常困难甚至是不太现实的。但是从维护委托人合法利益最大化出发，以无罪辩护的方式，揭示案件在证据以及法律适用上存在的重大问题，最终取得法院量刑上的积极效果，不失为上等辩护策略。实践证明这样做是正确的。

刑法因果关系的判断和评价，极具理论和实践争议。即便当事人心中万分冤情，即便辩护人有万种理由否定和驳斥本案的指控，但依然不可表现出得理不饶人的姿态，以免导致与司法机关的严重对立，最终有可能受到损害的还是委托人利益。所以辩护人在庭审中应当有礼有节，以法院最能够接受的方式进行无罪辩护，以法官最容易采纳的方式表达辩护意见。

坚持孤证不立，深挖鉴定漏洞，终获无罪判决

——李某涉嫌工程重大安全事故案

案情简介

2001年，黄某拟开设酒楼，将该酒楼装修工程承包给姜某，姜某聘请李某为工程监工。涉案雨棚在酒店装修过程中加建，并于2001年年底建成使用。2018年6月某日，天降暴雨，该雨棚因积水而倒塌，造成四名被害人死亡、四名被害人受伤的严重后果。S市政府随即责成相关部门进行事故原因调查，有关部门经调查后报告市政府，并出具了相关调查报告。后侦查机关对上述三人实施了刑事拘留，该三人随后被批捕。检察机关以涉嫌工程重大安全事故罪对三人提起公诉。

律师策略

一、对鉴定报告提出异议，争取时间

在与当事人进行沟通后，尽管还未取得案卷材料，我们首先

本篇撰稿人：刘晓安，盈科全国刑事委员会副主任、盈科（深圳）管委会副主任、股权高级合伙人律师；廖晓斌，北京市盈科（深圳）律师事务所专职律师。

对案件进行了初步判断。我们快速察觉到，事故调查报告所依据的鉴定报告是一个辩护重点，于是率先帮助当事人对鉴定报告提出异议，努力为当事人争取时间。

二、仔细阅卷充分沟通，坚持孤证不立

在取得案卷材料后，团队立即进行了严谨而充分的阅卷工作，对案件辩护方向进行探讨，通过精准分析提出无罪的倾向意见。本案除了姜某的供述外，没有任何证据证明我们的当事人李某属于雨棚的具体施工方或者监理人，且李某亦一直坚持自身并非雨棚的监理方。相反，姜某以及李某均指出，雨棚的具体施工人为一个叫“钟某”的包工头，由他组织人员进行施工。李某仅仅是负责酒楼室内装修。基于孤证不立之原则，公诉人对李某的指控不成立。

三、对证据进行全面分析，深挖鉴定漏洞

本案核心证据《建筑工程质量检测鉴定报告》存在重大瑕疵，无法作为相关责任认定之依据。我们从报告的出具时间、鉴定公司的资质、检测鉴定依据等多方面进行了充分、详细地讨论，在辩护词中体现得有理有据。

四、尊重法律与事实，指出事故真正原因

经过全盘分析，2001 年年底建成的涉案雨棚于 2018 年倒塌，我们认为系由于业主方未按照合同约定对雨棚定期检查维护、现有承租人日常疏于管理、适逢狂风及强降雨等三个方面的主要原因造成的。

辩护效果

一审法院判决被告人无罪。

辩护心得

案件从一场因强降雨直接导致一个17年前已验收竣工的某酒楼大厦外的雨棚坍塌，最终导致多人伤亡的悲剧开始。该事故直接惊动了S市政府。S市政府责成相关部门进行事故原因调查，以追究责任。司法机关最终将当时对酒楼进行建设施工的总包工头、监理人及首任酒店老板，以涉嫌工程重大安全事故罪，进行了刑事拘留，并最终提起公诉。作为监理人的辩护人，通过坚持孤证不立原则，深挖鉴定漏洞等辩护策略，最终为当事人争取到无罪判决。

律师思考

2年后，同样是6月，当初的沉重心情与如今水落石出的喜悦形成鲜明的对比。刑事辩护是一场马拉松，要有坚强的信心与超强的毅力才能打赢这场战役，体力、战略指导缺一不可。当事人与律师之间的沟通、理解、信任、支持，贯穿漫长的诉讼阶段，没有当事人的信任，没有律师的全力以赴都达不到这么好的效果。

刑事辩护承载着当事人、甚至一个家庭的希望，刑辩律师身上背负的压力可想而知。团队律师时常会交流自己的办案心得，尽管劳累、辛苦，但也正是这份被期待的崇高激励着我们努力前行。

特情因素在毒品犯罪辩护中的运用
——张某涉嫌贩卖毒品案

案情简介

被告人张某于2013年11月27日根据蔡某宗的授意将其事先准备好的1包毒品开车送到指定的交易地点惠东县某镇某公寓311房，在收取毒资20000元人民币后，将毒品交给贩卖者王某远（已判刑）。经鉴定，涉案毒品共968克，检出甲基苯丙胺成分，含量为72.9克/100克。

律师策略

本案被告人是网上逃犯，前案已经判决。逃脱一段时间后，觉得逃避不是办法，决定投案自首。在律师的陪同下，去公安机关投案。家属和被告人均认罪，要求律师做罪轻辩护。

辩护效果

公诉机关建议对被告人张某以贩卖毒品罪判处15年有期徒刑，并处没收财产；一审判决有期徒刑9年。

本篇撰稿人：翟振轶，北京市盈科（深圳）律师事务所高级合伙人律师。

辩护心得

特情是个刑事侦查的内部术语，但不知从什么开始，这个内部称呼就流传开了，在港台影视剧里，把特情称为“线人”。

毒品犯罪的隐瞒性强，因此运用特情侦破案件是打击毒品犯罪的有效手段，也是最常用的手段。最早提到特情的是2000年的《全国法院审理毒品犯罪案件工作座谈会纪要》，因在南宁召开，故称之《南宁会议纪要》，虽然这部纪要已经被废止，但其中的精神在实践中还有参考作用。在这部纪要里，提到了两个概念，即“犯意引诱”和“数量引诱”，并明确“犯意引诱”是指行为人本没有实施毒品犯罪的主观意图，而是在特情诱惑和促成下形成犯意，进而实施毒品犯罪；“数量引诱”是指行为人本来只有实施数量较小的毒品犯罪的故意，在特情引诱下实施了数量较大甚至达到可判处死刑数量的毒品犯罪。对于“犯意引诱”，应当从轻处罚，无论数量多大，都不应判处死刑立即执行。对于“数量引诱”，应当从轻处罚，一般也不应判处死刑立即执行。因特情介入，其犯罪行为一般都在公安机关的控制之下，毒品一般也不易流入社会，其社会危害程度大大降低，这在量刑时，应当加以考虑。

2008年，《全国部分法院审理毒品犯罪案件工作座谈会纪要》（以下简称《大连会议纪要》）颁布，这部会议纪要对特情介入案件作了更细致的规定。除了重申《南宁会议纪要》对“犯意引诱”和“数量引诱”的规定外，还提出“持有毒品待售”和“双套引诱”的处理方法，对于“持有毒品待售”或有证据证明已准备实施大宗毒品犯罪者，采取特情贴靠、接洽而破获的案件，不存在犯罪引诱，应当依法处理。行为人在特情既为其安排上线，又提供下线的双重引诱，即“双套引诱”下实施毒品犯罪的，处刑时可予以更大幅度的从宽处罚或依法免予刑事处罚。

2015 年，《全国法院毒品犯罪审判工作座谈会纪要》（以下简称《武汉会议纪要》）颁布，这部会议纪要没有对特情介入因素进行新的规定，实践中，对于特情介入因素还是沿用《大连会议纪要》的规定。

需要特别强调的是，2012 年我国的《刑事诉讼法》进行了修改，在第二编第二章特别增加了一节“技术侦查措施”，其中的第 151 条规定：“为了查明案情，在必要的时候，经公安机关负责人决定，可以由有关人员隐匿其身份实施侦查。但是，不得诱使他人犯罪，不得采用可能危害公共安全或者发生重大人身危险的方法。对涉及给付毒品等违禁品或者财物的犯罪活动，公安机关根据侦查犯罪的需要，可以依照规定实施控制下交付。”

从《南宁会议纪要》到《大连会议纪要》，均认可在毒品犯罪案件中，“犯意引诱”是合法的，定罪没有问题，只是在量刑上有减让。但 2012 年《刑事诉讼法》明确规定“有关人员隐匿其身份实施侦查不得引诱他人犯罪”，也就是说“犯意引诱”不合法，特别是“双套引诱”就更不合法，因此，律师碰到“犯意引诱”，完全可以作无罪辩护。

通过以上的梳理，我们知道特情因素是在毒品犯罪案件中最常见的侦查手段，在量刑上，特情因素也能够获得较大的量刑减让，特别是在重特大毒品犯罪案件中，保命成为唯一辩护目的的情况下，能够准确识别并提出特情因素就成为案件辩护的重中之重。

在一般情况下，特情因素比较好发现。公安机关在日常工作中，经常会查获吸毒人员，有部分吸毒人员会主动配合公安机关去抓获其毒品上家，抓获上家后，还可以继续顺藤摸瓜，在这个上家的配合下，抓获更大的毒品上家。这种情况在毒品犯罪案件侦破中很常见，本案也属于这种情况。在这个贩毒链条中，每一个环节的行为人，既是上家的购毒者，又是下家的贩毒者，其供述自然会讲清楚整个过程，特情因素一目了然。

还有一种情况，公安机关虽然在侦破案件中使用了特情因素，但基于保护特情人员、保守侦查秘密等考虑，会将这些线索隐蔽起来，这就需要律师从一点点蛛丝马迹中，发现线索，大胆假设，合理怀疑，从而找到特情因素的辩点。

结合这些年律师从事毒品犯罪辩护的经验，主要从以下证据中找出特情线索：受案登记表、抓获经过、情况说明、结案报告、报案笔录、通话清单、嫌疑人供述等，要关注另案处理人员，比如团伙案件中有人莫名其妙就不见，明明有这个人的存在，但就是在案卷里找不到这个人的笔录或信息，这个消失不见的人很可能就是特情。简言之，就是要了解侦查思维，知道这起案件是如何破获的，再进行反推，就能发现特情因素。

律师思考

一、能否陪同嫌疑人去自首

家属和被告人要求律师陪同去自首，律师能不能这样做？笔者认为是可以的，但律师要注意规避风险。第一，要讲清楚，认定自首必须符合两个条件：主动投案和如实供述。律师要做好笔录，让嫌疑人实事求是地陈述自己的所作所为，这份笔录可以作为证据向合议庭提交。第二，告诉嫌疑人的权利和义务。刑讯逼供是违法的，特别要强调笔录内容要经过仔细核对后才能签字，记录不对的地方可以要求修改。第三，在其陈述的基础上，作法律分析。解释法律规定而不能指导嫌疑人如何回答警方的提问，避免出现律师直接教嫌疑人如何供述的情况。

二、能否同时做无罪辩护和量刑辩护

本案家属和被告人要求律师做罪轻辩护即量刑辩护，那么律师能不能做无罪辩护呢？笔者认为也是可以的，《刑事诉讼法》第37条规定："辩护人的责任是根据事实和法律，提出犯罪嫌疑人、被告人无罪、罪轻或者减轻、免除其刑事责任的材料和意见，维护犯罪嫌疑人、被告人的诉讼权利和其他合法权益。"从这条规定来看，律师最优先提出的是无罪辩护意见，其次才是罪轻或减轻意见，最后是免除刑事责任意见。因此，即使被告人认罪，律师也可以进行无罪辩护，律师在表达了无罪的观点外，还可以同时就量刑情节发表意见。

这种辩护方法，以前被称之为"骑墙式辩护"而被人诟病，认为这是律师自打耳光，存在逻辑上的混乱。但其实这种认识是错误的，2012年修改的《刑事诉讼法》及解释，就把庭审过程分为定罪部分和量刑部分，律师可以就这两部分分别发表辩护意见。2017年颁布的《人民法院办理刑事案件第一审普通程序法庭调查规程（试行）》第44条明确规定："被告人当庭不认罪或者辩护人作无罪辩护的，法庭对定罪事实进行调查后，可以对与量刑有关的事实、证据进行调查。被告人及其辩护人可以当庭发表质证意见，出示证明被告人罪轻或者无罪的证据。被告人及其辩护人参加量刑事实、证据的调查，不影响无罪辩解或者辩护。”这个规程后，关于“骑墙式辩护”的争论就烟消云散了。

所以，在本案中，律师虽然做的是罪轻辩护，请求认定本案被告人具备自首、从犯、特情因素和控制下交付等这些从轻、减轻情节，但也讲到本案侦查活动中存在的程序和证据问题，这些问题有可能影响案件的定罪，这也是一种变相的无罪辩护。

特情因素于毒品犯罪的量刑意义
——张某涉嫌贩卖毒品案

案情简介

2016年11月中旬，张某受老乡之托为其购买冰毒，双方约定单价为100元每克，按照实际交付的冰毒数量据实结算。为方便冰毒的运输及交付，张某在一本《鬼故事》书中挖出正方形小格。11月15日，其将一小包冰毒藏匿书中的正方形小格中，意图通过快递邮寄的方式交付冰毒。后快递站点工作人员在检查、检测时发现该书中携带疑似冰毒物品，遂向公安机关举报，公安机关就此查获6.03克冰毒。

2016年11月中旬，"梁哥"与张某接触，委托其在G省某市代购两公斤冰毒，将毒资人民币76000元交付给张某，并承诺事成后支付其一定的报酬。张某为此联系G省某市的"合伙人"约定其购买2公斤冰毒，货款人民币76000元。此后，张某向"合伙人"支付预付款人民币8000元。2016年11月23日，张某在G省某市取货时将尾款人民币68000元支付给"合伙人"。此后，张某在携带2公斤冰毒回老家交付给买家"梁哥"的路上被公安

本篇撰稿人：甘志鹏，北京市盈科（深圳）律师事务所专职律师。

机关抓获，民警当场从张某身上查获两包重量分别为990.6克和993.5克的疑似毒品冰毒的物品。经鉴定，该物品中均含有甲基苯丙胺。2016年11月24日，张某被刑事拘留；2016年12月25日，张某被G省某市人民检察院批准逮捕。2017年5月25日，G省某市人民检察院以张某涉嫌贩卖毒品罪向G省某市中级人民法院起诉。另，根据起诉书的指控，张某2014年因涉嫌毒品犯罪曾被判处有期徒刑1年6个月，其实施本案犯罪行为时，未满5年，系毒品累犯。

律师策略

在全面阅卷和系统整理案件证据后，辩护人认为本案进行无罪辩护几乎没有空间，只能退而求其次，进行罪轻辩护。辩护人认为本案罪轻辩护的辩护重点有两点：第一，从定罪角度进行辩护，即变更本案罪名，将起诉书指控的贩卖毒品罪变更为非法持有毒品罪，从而将刑事责任从最高刑至死刑降低为最高刑至无期徒刑。第二，从量刑的角度进行辩护，即提出本案可能存在公安机关犯意引诱、数量引诱及控制下交付的情节，从而力争从轻处罚。

辩护效果

本案一审法院认为张某构成运输毒品罪，判处其死刑缓期2年执行，剥夺政治权利终身，并没收个人全部财产。辩护人接受张某委托，代为上诉。二审法院采纳了辩护人的辩护意见，对张某作出从轻处罚，改判张某有期徒刑15年，没收财产人民币

25000元。

辩护心得

实践中，涉毒犯罪存在特情引诱比较常见，因此辩护人审查证据时要将特情引诱情节作为一个重点审查对象，并利用特情引诱规则进行辩护，应当结合案件的具体情形，采取无罪辩护、罪轻辩护和程序性辩护。

根据最高人民法院《全国部分法院审理毒品犯罪案件工作座谈会纪要》第6条之规定，存在特情引诱的案件，在量刑时都应当对行为人进行从轻处罚，且谨慎适用死刑立即执行。在涉毒犯罪中正确识别特情引诱并了解特情介入的程度，有助于正确定罪量刑。

但实践中，移送到法院的案卷证据材料中，特情引诱的证据十分隐秘，不易察觉。而作为辩护人能否识别特情引诱，将决定其能否提供有效辩护。就如何识别特情引诱而言，辩护人认为，第一，可以根据线索的来源进行判断。在受理刑事案件登记表、抓获经过等材料中，如果存在“举报”“秘密报案”等字眼时，要特别注意，这很可能就是表明本案的破获是由于特情介入。第二，根据案发的时空环境进行判断。例如，案卷材料中反映侦查人员是在深夜一两点或者在居民小巷内将嫌疑人等抓获，这通常是在暗示，很可能有特情介入。第三，根据相关人员案发后的去向及赃款赃物的处理情况进行判断。若材料中反映购毒人员并未处理或者在扣押、移交、发还处理物品清单中反映涉案的赃款、赃物已经发还给某个购毒人员，这就明确表示购毒人员可能就是特情。

本案公安机关在张某邮寄的《鬼故事》书中查获6.03克甲基苯丙胺（根据法律规定此时张某已构成毒品犯罪）后，并未对张某采取强制措施，而是在随后的第二次“代购毒品”过程中才对其采取强制措施，且两次代购时间间隔非常短暂，涉案的毒品“买家”和“卖家”案发后的去向不清。据此，辩护人认为本案存在公安机关特情人员向张某提出“代购两公斤冰毒”进行犯意引诱和数量引诱的可能性较大。张某进行的两次“代购毒品”，其中第一次被公安机关查获，毒品尚未流入社会；第二次“毒品代购”过程均在公安机关的控制下，毒品未流入社会，亦不可能流入社会。张某主观恶性不大，社会危害性极小，根据最高人民法院《全国部分法院审理毒品犯罪案件工作座谈会纪要》第6条之规定，人民法院依法应当对其从轻处罚。

基于张某个人情况，辩护人在庭审中还提出以下酌定量刑情节：

1. 张某系自愿认罪，如实供述自己的罪行，认罪态度好，且综合案件事实可知其主观恶性和人身危险性较小，法院可酌情对其从轻处罚。

2. 被告人经历了长时间的羁押，已经充分认识到自己行为的错误，感到十分愧疚，并在庭审现场也表达了忏悔。被告人的父母均不在人世，2013年也与妻子离婚。留下两个分别为15岁、7岁的子女均寄养在姐姐姐夫家，根据我国刑法惩罚与教育相结合的原则，法院可对其酌情从轻处罚。

3. 被告人罹患严重心血管肿瘤疾病，常有吐血现象，因为自己得了不治之症，怕连累家人，更是对人生失去了生活希望，所以才自暴自弃走上了犯罪道路。

律师思考

努力挖掘案件细节才能逆风翻盘。

自2008年《全国部分法院审理毒品犯罪案件工作座谈会纪要》发布以来，特情引诱就频频出现在毒品犯罪的辩护之中，但成功者寥寥。

从理论上来讲，特情引诱侦查分为犯意引诱型和机会引诱型两类。两者差距在于犯罪行为人事前是否存在犯意，而相关座谈会纪要仅确认在犯意引诱型案件中，对行为人实施从轻处罚。因此，成功实施罪轻辩护，在相关案件中具有两个前提，一是要敏锐地捕捉特情存在的蛛丝马迹，二是要体现行为人案前不存在犯意。

而本案的关键点就在于如何挖掘出特情引诱这一情节。属于特情参与的内容潜藏在证据材料之中，而辩护人通过努力挖掘案卷资料细节，才串联起了前因后果，并向法院提交了有效的辩护意见。

辩护意见不是空中楼阁，而是建立在律师对案卷的推理，了解和深入探究中。只有在仔细挖掘案件细节后，才能为委托人实施行之有效的辩护。

认罪认罚从宽制度下如何有效辩护

——郭某涉嫌贩卖毒品案

案情简介

某公安机关向某检察院移送审查起诉，指控犯罪嫌疑人郭某涉嫌多次向岑某贩卖大麻，其中分别在2018年10月中旬出售4克、2018年10月28日出售10克、2018年10月底出售4克，已构成贩卖毒品罪。

本案郭某被指控多次贩卖大麻，依据法律规定，郭某的量刑应当在3年以上。

律师策略

一、审查起诉阶段：关键事实对比验证+证据链分析，成功剔除多次贩卖毒品的指控，有效降低量刑档次后适用认罪认罚从宽制度

辩护人在接受本案委托后第一时间向检察机关申请阅卷。通过阅卷后发现关键问题，公安机关所指控三次贩卖大麻的事实，其中郭某仅供述其向岑某两次贩卖大麻的事实，第三次贩卖大麻

本篇撰稿人：易凡，北京市盈科（深圳）律师事务所合伙人律师；李雨琦，北京市盈科（深圳）律师事务所专职律师。

的事实仅有岑某的单方面供述，且未有相关的交易记录、聊天记录等其他证据予以佐证。

辩护人随即将郭某、岑某供述的大麻交易情况进行整理对比、梳理分析相关的证据链，认为郭某第三次贩卖毒品的关键事实不清、证据不足，不构成多次贩卖毒品的情形，并形成相关法律意见书提交至检察机关。辩护人通过数次和检察官沟通案件情况，最终检察院采纳了辩护人意见，在郭某认罪认罚的基础上，检察院对郭某的量刑为 10 个月以下。

二、审判阶段：运用大数据，对同法院类似案件检索分析量刑幅度，以获取本案最轻量刑

在案件进入审判阶段后，辩护人通过检索分析同法院的案例发现，贩卖同类型毒品的基本量刑幅度在 6 个月至 8 个月期间。辩护人在基于郭某认罪认罚的前提下，结合郭某的犯罪情节、家庭情况等量刑情节，建议法院对郭某判处 6 个月至 8 个月有期徒刑，并提供了多份类似案例供法院参考。最终法院采纳辩护人的全部意见，对郭某判处了 8 个月有期徒刑。

辩护效果

从公安机关指控郭某多次贩卖毒品，量刑档次在 3 年以上，后在检察机关成功剔除多次贩卖毒品的指控，量刑直接降至 10 个月以下，最终法院判决郭某有期徒刑 8 个月。

辩护心得

在审查起诉阶段对证据进行细致分析，成功降低量刑档次，并争取认罪认罚从宽制度，最大限度地发挥认罪认罚从宽处罚的作用。

辩护人认为对关键事实的证据进行有效分析是本案辩护的重要策略。通过将关键事实的供述内容进行交叉验证和对比，并将证据链条进行整理，使检察官对本案的事实、证据情况一目了然。郭某多次贩卖大麻的事实没有证据予以支撑，从而达到在审查起诉阶段成功降低量刑档次，并适用认罪认罚从宽制度，在量刑上得到最大宽惠处理。

律师思考

认罪认罚从宽制度是我国刑事司法制度的重要组成部分。辩护人应当仔细甄别是否能够适用认罪认罚程序，并把握住检察机关在认罪认罚程序中的主导地位，最大限度发挥了认罪认罚从宽制度的作用，主要从以下三方面着手辩护工作：

一、何阶段启动认罪认罚程序

认罪认罚程序是贯穿整个刑事诉讼的全部流程，即在侦查阶段、审查起诉阶段、审判阶段均可适用认罪认罚程序。如果在案件事实特别清楚，当事人确定有罪的前提下，可以争取尽早启动认罪认罚程序，去争取最大幅度的从宽处理，并可以尽早争取变更强制措施。

二、把握检察机关在认罪认罚程序中的主导地位

在办理本案过程中，辩护人充分认识到检察机关在认罪认罚程序中的主导地位和重大作用。因为本案案情较为简单，所以辩护人将辩护重心前移至审查起诉阶段，第一时间申请阅卷并做到精细化阅卷，形成有事实、证据支撑的法律意见，并全面客观地与检察官在案件事实、证据、情节进行有效沟通，促使检察官能够客观审查案件情况，并提出合理的量刑建议。

三、运用大数据争取最轻刑罚

绝大多数认罪认罚案件是适用速裁程序，但并不意味着放弃辩护，仍可以争取最有利于当事人的刑罚。在本案中，检察官并未提出精准量刑建议，辩护人认为仍应当向法院提出具体量刑请求，而且通过检索同类型案件量刑后发现，可以争取更轻的刑罚。通过将同类型案件整理成大数据报告后提交法院作为参考，以便于提高对辩护人量刑请求的采纳。

挖掘案件证据体系的核心辩点，力争将重罪改变为轻罪

——朱某涉嫌贩卖毒品案

案情简介

2016年3月10日19时许，被告人朱某来到某电脑科技店内，将4包甲基苯丙胺贩卖给购毒人员游某。购毒人员游某正准备支付600元人民币毒资时，民警立即将被告人朱某和购毒人员游某现场抓获，从游某身上缴获交易的4小包甲基苯丙胺（重3.68克）。此外，民警还当场缴获被告人朱某丢弃的用红包包装的11小包甲基苯丙胺晶体（重10.16克）。

公诉机关认为，朱某构成贩卖毒品罪，遂以贩卖毒品罪向法院提起公诉，并出具判处7年至9年有期徒刑并处罚金的量刑建议。

律师策略

假如本案最终以贩卖毒品罪来裁决，即使辩护人强力指出侦查机关在搜查、扣押、鉴定、见证人等方面的程序性问题，鉴于

本篇撰稿人：邓太升，北京市盈科（深圳）律师事务所专职律师。

涉案毒品甲基苯丙胺已经超过 10 克（约 13.8 克），那么量刑不可能低于 7 年。因为：第一，程序性问题虽然是法院裁决案件的重要因素，但是，在目前我们司法实践中，因程序性问题导致法院不采信一些关键证据而实质性减少被告人较长刑期的可能性不大。第二，本案涉案毒品甲基苯丙胺已经超过 10 克（约 13.8 克），按照法律规定和量刑指导意见，最低量刑起点幅度是 7 年有期徒刑。

假如能够强力指出贩卖毒品的证据不足且能够得到法庭采信的话，将是本案辩护的重大突破口。因为，一旦贩卖的证据不足，法院只能以非法持有毒品罪裁决，而一旦改变为轻罪名非法持有毒品罪，那么，按照涉案毒品甲基苯丙胺的量约 13.8 克，根据法律规定和量刑指导意见，其刑期最多不会超过 1 年半。

而根据阅卷发现，本案指控贩卖毒品的证据确实存在重大问题：第一，现场查获两个人，却没有现场搜查、扣押到现金。第二，没有证据证明双方用银行转账、微信、支付宝等支付方式支付。第三，被告人朱某与购毒人员游某供述不一致，被告人朱某辩解说是带毒品拟与游某一块吸食玩耍，游某供述称是买朱某的毒品且谈好 600 元的毒资。

根据以上思考，辩护人确定了改变轻罪名之辩的辩护思路。

思路确定后，辩护人就开始琢磨如何将“改变轻罪名之辩”以最简洁、最有力的方式让法官明白。经反复思考，辩护人最终确定以“毒资证据仅有买方孤证口供”为辩护核心，以“已经交付（毒资）、正在交付（毒资）、是否拟交付（买卖双方商谈毒资）”为证据主线逐一论述辩护，向法庭厘清、呈现全案的证据仅仅孤证“买方口供”，以刑事诉讼的铁规则“孤证不能定存有案”作为辩护观点的结尾，并建议改为非法持有毒品罪判决1年有期徒刑。

辩护效果

朱某涉嫌贩卖毒品案。法院采纳了辩护人意见，以非法持有毒品罪判决朱某有期徒刑1年2个月，并处罚金2000元。

辩护心得

通过办理此案件，辩护人体会到要最大限度维护被告人的合法权益，有以下体会：

一、确定辩护思路是关键

辩护思路决定辩护的方向走得对与否。在思路确定后，应尽量提炼多个单一辩点，升华、综合成核心辩点或体系辩点。之后，紧密围绕一条主线展开辩护。这样做，法官就可以轻松、不费劲地迅速了解到辩护人的意见。

二、紧密围绕辩护目标，强力提出核心辩护观点，果断放弃一些辩护点

在提出核心辩点后，即使发现还有其他值得辩护的地方，假如无关辩护目标，或者预估某方面的辩点作用不大，要果断放弃。此案中，辩护人在阅卷中发现鉴定意见、搜查、扣押毒品等程序问题不少，但是，辩护人在庭审中最终没有提及这些程序性问题，因为考虑到：一是作的不是无罪辩护，作出无罪裁决的可能性为零。二是司法实践中辩护人提出的这些问题大多数难以法庭采纳。三是最关键的是辩护人不想冲淡原辩护主题和打乱原辩护思路。原辩护思路是以“毒资证据体系”为辩护主线，若将鉴定意见、搜查、扣押毒品等程序问题加上，势必破坏原辩护体系，冲淡原辩护核心。基于这个考虑，辩护人果断决定对这一点直接作出“舍”的决定。

律师思考

法庭辩论尽量做到惜字如金。辩护人观察到，不少辩护人在庭审中多次被法庭打断，其原因大致如下：辩护观点不明确，说理啰唆、逻辑性不强，重复说理。在总结发现这些原因后，辩护人强化了该方面的学习和培训，并在实践中有意识地争取做到不被法官打断。基于此，辩护人在每一个案件中的辩护中做到了：能少说一个字的，一定少说这个字；能一句话说清楚的，尽量不说第二句话；能在质证阶段说清楚的问题，尽量不再到辩论阶段重复一遍。此外，辩护人还有意识地锤炼自己的辩护语言，尽量做到简洁有力、逻辑严谨。通过这些意识的树立和实践中的充分注意，定然既不会被法官打断，又容易得到法庭采信和赢得尊重。

图书在版编目（CIP）数据

刑事有效辩护案例精选 / 刘晓安主编 . —北京：中国法制出版社，2021.3
ISBN 978-7-5216-1695-8

Ⅰ . ①刑…　Ⅱ . ①刘…　Ⅲ . ①刑事诉讼 – 辩护 – 案例 – 中国　Ⅳ . ① D925.210.5

中国版本图书馆 CIP 数据核字（2021）第 045907 号

策划编辑：黄丹丹
责任编辑：黄丹丹　潘环环　刘海龙　　封面设计：周黎明

刑事有效辩护案例精选
XINGSHI YOUXIAO BIANHU ANLI JINGXUAN

主编 / 刘晓安
经销 / 新华书店
印刷 / 三河市国英印务有限公司
开本 / 880 毫米 ×1230 毫米　32 开　　印张 / 9.25　字数 / 198 千
版次 / 2021 年 3 月第 1 版　　2021 年 3 月第 1 次印刷

中国法制出版社出版
书号 ISBN 978-7-5216-1695-8　　定价：39.00 元

值班电话：010-66026508
北京西单横二条 2 号　邮政编码 100031　　传真：010-66031119
网址：http://www.zgfzs.com　　**编辑部电话：010-66066324**
市场营销部电话：010-66033393　　**邮购部电话：010-66033288**
（如有印装质量问题，请与本社印务部联系调换。电话：010-66032926）